Volksvertretung und Schulpolitik

Von

Ferdinand Jakob Schmidt
Professor an der Universität Berlin

Berlin 1919
Druck und Verlag von Georg Reimer

Vorwort.

Abermals wie vor hundert Jahren dringt auch heut das gewissenaufrüttelnde Mahnwort an unser Ohr: das deutsche Volk muß durch die Hebung seiner geistigen Kräfte wieder gut zu machen suchen, was es an physischen verloren hat! Und, was damals der Freiherr von Stein seinen Deutschen zurief, das gilt in noch erhöhterem Maße für das Geschlecht unserer Tage: „Am meisten ist von Erziehung und Unterricht zu erwarten. Wird durch eine auf die innere Natur des Menschen gegründete Methode jede Geisteskraft von innen entwickelt und jedes edle Lebensprinzip angereizt und genährt, alle einseitige Bildung vermieden, und werden die bisher oft mit der größten Gleichgültigkeit vernachlässigten Triebe, auf denen Kraft und Würde des Menschen beruht, sorgfältig gepflegt, so können wir hoffen, ein physisch und moralisch kräftiges Geschlecht aufwachsen und eine bessere Zukunft sich eröffnen zu sehen." Eben nicht anders wie ehedem, als das alte Preußen unter den Schwertstreichen Napoleons zusammenbrach, war es auch jetzt wieder dahingekommen, daß die Bildungsarbeit alle erzieherische, das Ganze einheitlich belebende Kraft verloren hatte, und zugleich damit tauchte der subalterne Gedanke auf, aus unserem Schulwesen nunmehr vollends eine unterrichtliche Einheitsmaschine zu machen. Unser Volk und seine Vertretung noch rechtzeitig vor diesem ins Verderben führende, unpädagogische und unsoziale Bestreben zu warnen und die Richtlinie für die Hervorbringung eines wahrhaft gemeinschaftstiftenden Bildungsorganismus zu skizzieren, ist der Zweck dieser kleinen Schrift.

Ich bemerke nur noch, daß man mir neuerdings wieder den wahrheitswidrigen Vorwurf gemacht hat, als ob ich auf die Isolierung der Volksschule von dem gesamten übrigen Erziehungs- und Bildungswesen des Staates hinarbeite. Wie man sich auch hier überzeugen wird, ist das gerade Gegenteil der Fall. Um aber allen Verdrehungskünsten einen Riegel vorzuschieben, weise ich darauf hin, daß ich schon in meiner Abhandlung „Das Problem der nationalen Einheitsschule" (Vorträge und Aufsätze aus der Comenius-Gesellschaft. — Jena, Eugen Diederichs 1916) ausgeführt habe, es könne eine organische Einigung der Volksschule und der gelehrten Schule nicht auf Grund des Unterrichts-, sondern nur des Erziehungsprinzips zustande kommen. „Die Erziehung vereint; der Unterricht differenziert." Bleibt man also bei dem bloßen Unterricht stehen, dann kann man auch trotz allen Mechanisierens zu keiner Vereinheitlichung jener Schularten gelangen. Denn hier gilt der Satz, der nicht erst von mir, sondern schon von Pädagogen wie Ziller, Mager u. a. herausgearbeitet worden ist, daß der Unterrichtsbetrieb der unteren und mittleren Schulen in der Hauptsache auf die Verstandesbildung für den Erwerb von Kenntnissen gerichtet ist, derjenige der gelehrten dagegen auf Erkenntnisbildung. Also, so schloß man leichtfertigerweise, hier sieht man es wieder: die Volksschule soll nur dazu gut sein, Kenntnisse, nicht aber Erkenntnisse zu vermitteln! Sehr bezeichnend für diese Kampfesart unterläßt man aber wohlweislich hinzuzufügen, daß ich ausdrücklich erklärt habe: „Kenntnisse und Erkenntnisse sind nun darin voneinander verschieden, daß jene nur auf das Verständnis und die Verwendbarkeit eines bereits Erkannten gehen, diese dagegen auf die Nacherzeugung des Erkennens selber. Die Vorbildung zu dieser genetischen Erkenntnis der natürlichen und geschichtlichen Tatsächlichkeit ist aber die eigentümliche Aufgabe des höheren Schulunterrichtes." Was besagt demnach jene Erklärung? Erstens dies, was doch wohl der Pädagoge wissen sollte, daß der Schulunterricht, auch der gelehrte, sich grundsätzlich nur auf das Erlernen von „Kenntnissen und Fertigkeiten" zu erstrecken habe; zweitens, daß die eigentliche Erkenntnisunterweisung schon jenseits der Schule liegt und der Universität angehört, und endlich drittens, daß die gelehrte Schule zwar auch nur Kenntnisse zu geben habe, aber zugleich mit dem Ziel auf die „Vorbildung" für die akademische Erkenntnisschulung. Wer auch diese Wahrheit zu trüben und zu verunglimpfen sucht, mag es tun; ich aber werde bei ihr stehen bleiben.

Berlin-Grunewald.

Ferdinand Jakob Schmidt.

Die Volksvertretung, voran die Landesversammlung, ist dazu berufen, dem bis in seine Tiefen erschütterten Bestande unserer deutschen Volksgemeinschaft auf tragkräftiger Grundlage eine neue, freiheitschöpferische Gestalt zu geben. Von ihrer geistigen Fähigkeit, eine gedeihliche Lösung dieser über alles ernsten und schwierigen Aufgabe zu finden, wird es nicht zuletzt abhängen, ob unser Volk vor einem abermaligen Aufstiege seines weltgeschichtlichen Wirkens steht, oder ob das alles nur der Übergang zu einem langsamen, aber unaufhörlichen Verfall ist. Möge daher ein guter Stern über den Verhandlungen und Beschlüssen dieser Tagungen walten.

Zu den großen und verantwortungsvollen Obliegenheiten wird dabei zwar nicht die bestimmte technische Neuordnung des Schulwesens gehören, wohl aber die prinzipielle Regelung seiner selbst und seines Verhältnisses zum Staat und zur Kirche. Wie vordem die Entwicklung unseres gesamten Bildungswesens in dem Satze des Preußischen Landrechtes „Schulen sind Angelegenheiten des Staates" sein grundlegendes Gefüge erhielt, so wird auch jetzt wieder die ganze Zukunft unseres Schulsystems sein Gepräge daraus empfangen, welche Verfassungs- und Verwaltungsgrundsätze dafür herausgearbeitet werden. Bei diesem Stande der Dinge wird alles darauf ankommen, daß nicht die Zufälligkeit der vorhandenen Meinungen die Entscheidung trifft, sondern daß die in unserem Volke nach Verwirklichung ringende Bildungsidee tatsächlich erfaßt und zur ausschlaggebenden Instanz für die verfassungsmäßigen Festsetzungen erhoben wird. Zum wenigsten eine allgemeine Beleuchtung dieses fundamentalen Problems soll im folgenden versucht werden.

I.

Voran muß hier der Satz gestellt werden: das Bildungswesen in seiner Vollentwicklung ist an sich weder ein kirchlicher, noch ein staatlicher, sondern ein sozialer „Organismus". — Was sich schon lange vorbereitet und immer greifbarere Gestalt angenommen hat, das ist die sich in den weltgeschichtlichen Völkern realisierende Triebkraft, ihren sittlichen Lebensorganismus nicht bloß als einen solchen der kirchlichen Glaubensgemeinschaft und der staatlichen Willensgemeinschaft, sondern auch als einen solchen der sozialen Bildungsgemeinschaft herauszugestalten. Noch zwar hat sich kein klares und bestimmtes Bewußtsein von diesem über alles bedeutsamen Befreiungsprozeß des sozialen Geisteslebens erzeugt, aber zum mindesten seit der Errichtung des Deutschen Reiches ist doch die Strömung immer stärker angewachsen und hat gerade die allgemeinen Volksschichten auf das nachhaltigste dahin gedrängt, die gesamte Nation zu einer nach dem Prinzip der Selbstverwaltung organisierten Volksbildungsgemeinschaft zusammenzufassen. Von Jahrzehnt zu Jahrzehnt sind diese Bestrebungen intensiv und extensiv zunehmend stärker hervorgetreten, und es ist heut kein Zweifel mehr, daß neben dem freien Staat und der freien Kirche ein freies Volksbildungswesen in der Verwirklichung begriffen ist. Das Altertum kannte einen solchen allgemeinen Bildungsorganismus überhaupt noch nicht, weil hier die Pflege der geistigen Bildung noch ganz den privaten Bemühungen und der bloßen Sitte überlassen blieb; das Mittelalter machte wohl schon einen Anfang damit, aber doch nur so, daß hier alles den kirchlichen Zwecken unter- und eingeordnet wurde; in den neueren Jahrhunderten war es sodann der Staat, der auch dem ganzen Bildungswesen einen staatsbürgerlichen Charakter aufdrückte, und erst in dem gegenwärtigen Zeitalter hat sich darüberhinaus die innere Notwendigkeit geltend gemacht, das Volk auf Grund seiner sozialen Bildungsarbeit zu einem selbständigen Geistesorganismus zusammenzuschließen. Von jenen drei großen Gesittungsmächten kennt also die alte Welt nur den Staat, die darauf folgende Zeit den Staat und die Kirche, und nunmehr ist endlich die Epoche angebrochen, wo zu jenen beiden als die dritte dieser Mächte noch das Volksbildungswesen hinzutritt. Erst durch die Infreiheitsetzung der sozialen Bildungsgemeinschaft wird die staatliche Willensgemeinschaft und die kirchliche Glaubensgemeinschaft zu einem vollentwickelten Gesittungsganzen zusammengeschlossen.

Noch Ranke, der genialste unserer Historiker, konnte die weltgeschichtlichen Abwandlungen der germanisch-romanischen Völkergruppe so darstellen, als ob es sich unter den jeweiligen Bedingungen der wirtschaftlichen und gesellschaftlichen Lebensgewalten letzthin stets um die Entwicklung der staatlichen Mächte untereinander und ihres Verhältnisses zur Kirche handle. Mit dem jetzt beginnenden Weltalter wird man darüber hinausgehen müssen; denn nunmehr hat die Zeit begonnen, wo sich zwischen Staat und Kirche das soziale Volksbildungswesen als ein selbständiger und jene beiden Gegeninstanzen vermittelnder Organismus herauszuheben auf dem Wege ist. Wer Augen hat zu sehen und Ohren zu hören, dem kann es heut nicht mehr länger entgehen, daß die neue Weltordnung des bereits auftauchenden Völkerbundes im höchsten und letzten Sinne nicht mehr bloß durch die Idee des Staates und der Kirche ihre schöpferische Triebkraft empfangen wird, sondern in nachdrücklichster Weise zugleich durch die Idee des den nationalen Gesittungsgeist objektivierenden Volksbildungswesens. Die einflußreichere oder einflußlosere Stellung der Glieder dieser Völkergruppe wird im weiteren Verlauf der universalhistorischen Geschehnisse in allererster Hinsicht dadurch bestimmt werden, zu welcher Höhe und selbsttätigen Kraftentfaltung sich die Organisation der sozialen Bildungsgemeinschaft emporringen wird. Staat und Kirche als solche sind heut auseinanderfallende Mächte. Und, wenn es dabei bliebe, so daß lediglich die Trennung dieser alten Verbindung immer weiter fortschritte, so müßte in dem gleichen Verhältnis die abendländische Bildungswelt in einen stetig unorganischer werdenden Zustand versinken und schließlich unter die Führung einer anderen, vielleicht der gelben Völkergruppe geraten. Vor diesem Zerfall können wir durch nichts anderes bewahrt werden als durch die Vergemeinschaft des ganzen Volkes zu einem eigenständigen und einheitstiftenden Bildungsorganismus. War es vordem, wie Ranke erklärte, die größte weltgeschichtliche Hervorbringung des Abendlandes, daß Staat und Kirche organisch differenziert wurden, so ist es jetzt eine nicht minder bedeutsame Aufgabe, nunmehr auch das Volksbildungswesen zu verselbständigen und es zum verbindenden Mittelglied jener beiden, heut auseinanderfallenden Extreme aufzurichten.

Aber noch ein anderes Moment offenbart sich. Wenn heut alles davon ergriffen ist, die Idee der sozialen Weltordnung zu verwirklichen, so ist doch diese Gesittungsmacht bisher noch zu einseitig behandelt und begriffen worden. Denn, was man zunächst von ihrem Gesamtwesen faßbar gemacht hat, ist in der Hauptsache nur das wirtschaftliche und politische Element. Die bahnbrechenden Theoretiker, voran Marx und Engels, haben zwar keineswegs verkannt, daß die soziale Idee ihren grundlegenden Einfluß auf alle Gebiete des Lebens erstrecken müsse. Aber sie sind doch dabei von der unhaltbaren Voraussetzung ausgegangen, daß die gesamte menschliche Gesittungstätigkeit ihr tatsächliches Gefüge von dem Entwicklungsstande der wirtschaftlichen Interessenkämpfe her erhalte. Sie nannten das ihre materialistische Geschichtsauffassung und erzeugten dadurch in ihren blinden Anhängern den Wahn, daß auch die Entwicklung des Bildungswesens seine wesenhaften Antriebe lediglich von der Evolution der wirtschaftlichen Klassenkämpfe empfinge. Wie aber die logische und sachliche Unzulänglichkeit dieser Geschichtstheorie in letzter Hinsicht darauf beruht, daß hier die Bedingungen des menschlichen Lebens einerseits und dessen eigentümlicher Grund, Wesen und Zweck andererseits völlig miteinander verwirrt worden sind, so tritt diese verhängnisvolle Verwechselung auf pädagogischem Gebiet noch stärker zutage. Und hier zeigt sich nun die völlige Schiefheit und Halbheit jenes Geschichtsmaterialismus darin, daß zwar auch der menschheitliche Bildungsprozeß nie ohne eine organische Beziehung zu den jeweilig vorhandenen Bedingungen der Wirtschaftsordnung abläuft, daß seine wahre Entwicklungstendenz aber geradezu entgegengesetzter Natur ist. Es ist eines der wichtigsten Ergebnisse der pädagogischen Geschichtsforschung, das sich in dem kurzen Satz aussprechen läßt: das Bildungswesen ist schon auf der Stufe seiner kirchlichen und staatsbürgerlichen Entfaltung im Begriff, den Erwerb der geistigen Güter von der wirtschaftlichen Klassenbewegung zunehmend unabhängig zu machen! Das ist der so bedeutungsvolle Grundzug der sozialen Bildungsidee. Er ist schon viel früher da als die Bewegung des wirtschaftlichen Sozialismus; er verdankt seinen Ursprung keiner der materiellen Lebensgewalten, sondern zielt gerade umgekehrt auf die Befreiung von ihnen, und er ist endlich auch keine bloße Begleiterscheinung der sozialökonomischen Bestrebungen, er ist vielmehr die weltgeschichtliche Hauptaktion, in der die Idee der sozialen Freiheit erst ihr wahres Wesen objektiviert. Kommt also zuletzt doch alles auf die Ermöglichung an, daß der Mensch sich zum wahren Menschen zu bilden und darin die Verwirklichung seiner Lebensbestimmung zu vollziehen vermag, so ist es eine auffallende Rückständigkeit, daß die landläufigen Theorien noch unausgesetzt vom materiell-ökonomischen Standpunkt aus orientiert sind und noch nicht die Idee der sozialen Menschheitsbildung als das sämtlichen anderen Triebkräften zugrunde liegende Lebensproblem erkennbar gemacht haben. Alles andere ist nur Bedingung und Mittel; aber der schöpferische Hauptzweck der gegenwärtigen Weltepoche ist die Vergemeinschaftung der Gesamtheit zu einem sich von aller niederen Gebundenheit befreienden Bildungsorganismus.

Von der eindringlichen Erkenntnis und der zielbewußten

Durchführung dieser Idee der allgemeinen geistigen Vergemeinschaftung hängt heut so gut wie alles ab. Noch leidet zwar das Geschlecht unserer Tage an einer chronischen Ideen- und Geistesblindheit, aber dann muß eben die Jugend sich anschicken, das Leben und die Dinge wieder in einem wahrhaft philosophischen Lichte begreifen zu lernen. Hier gilt es dann, endlich verstehen zu lernen, was der scharfsinnige Lorenz von Stein seinen Zeitgenossen schon vor einem Menschenalter zurief: „In der Verschiedenheit der Nationalitäten liegt der Wert jeder einzelnen Nation in dem Vergleich mit anderen und damit für die Weltgeschichte in dem Maße ihrer Fähigkeit, durch ihre Selbstbildung zu einem staatlichen Bildungswesen zu gelangen, welches nicht mehr einzelne Klassen oder einzelne Aufgaben im Leben der Gemeinschaft, sondern das ganze Volk gemeinsam umfaßt, während die untergeordneten Völkerschaften diejenigen sind, welche eine solche Bildung und ihr Bildungswesen nicht zu erzeugen vermögen. Hier ist es, wo innerhalb der Geschichte des staatsbürgerlichen Bildungswesens das nationale Element Europas in seiner vollen Bedeutung erscheint. Damit ergibt sich, daß die Kulturvölker in diesem höheren Sinne jetzt diejenigen sind, welche jenes an sich soziale Bildungsprinzip nun auch in ihr staatliches Bildungswesen übertragen und verwirklichen, während Nichtkulturvölker diejenigen sind, deren Bildung von der Ordnung und den Leistungen ihres Bildungswesens für einzelne Klassen erschöpft ist.“ Dazu kommt dann aber, daß eine solche Bildungsorganisation sehr viel mehr umfaßt als nur die Schulpflege. Sie erstreckt sich nicht nur auf die gesamte Nationalgemeinschaft, sondern auch auf das ganze Leben jedes einzelnen. Diese Tätigkeit ist ein nie abbrechender Prozeß der Selbstbildung, und für die Ermöglichung einer solchen sind ferner auch alle die Veranstaltungen der Fortbildungskurse, der Volkshochschulen, der Bibliotheken, der Museen, der Presse usw. erforderlich. Die Grundlage des Ganzen bleibt doch aber stets die allgemeine Erziehungsschule. In ihrer Verfassung und

Einrichtung kommt immer wieder zur Ausprägung, auf welcher Bildungshöhe die Nationalgemeinschaft als solche steht, und ebenso ist sie es auch, in der sich der sonst unbestimmt bleibende Volksgeist sich seine einheitliche und objektive Fassung gibt. Das Erziehungsschulwesen ist die Grundlage für die organische Selbstgestaltung des sozialen Bildungsorganismus.

Dazu gehört dann in erster Linie, daß die Erziehungsschule (Volksschule, Realschule und Gymnasium) als das Fundament des Volksbildungswesens zwar der staatlichen Gesetzgebung und allgemeinen Verwaltung unterstellt bleibt, daß sie aber in bezug auf die geistige Ordnung, Handhabung und Entwicklung der Bildungstätigkeit selbst aus dem Zustand der bloß bürokratischen Obrigkeitsverwaltung in denjenigen der sozialen Selbstverwaltung ihrer Familien-, Schulbeamten- und Lehrerschaft hinübergeleitet werde. Eine solche Sozialisierung des Schulwesens ist aber nur möglich, wenn das ganze Volk in selbsttätige Schulgemeinden gegliedert wird mit daraus hervorgehenden Schulvorständen und weiterhin mit Kreis-, Provinzial- und Landesschulkonzilien. Nur so kann es dahin kommen, daß sich unser Volk nicht bloß zu einem politischen, rechtlichen und wirtschaftlichen Ganzen zusammenfaßt, sondern daß es sich endlich auch jene höchste, wirksamste und innerlichste Einheit gibt, die ihm bisher weder vor noch nach dem Jahre 1871 beschieden war, nämlich die Einheit der geistigen Gemeinschaft. Denn was nutzt zuletzt alle bloß staatliche, militärische und bürokratische Vereinheitlichung, solange noch diejenige der geistigen Gesinnung und Gesittung fehlt. Und das ist nun eben das Charakteristische, daß uns diese höhere Einheit weder der religiöse Glaube, noch der staatsbildende Wille zu verleihen imstande war. Davon aber ist dies die tiefste und bedeutsamste Ursache, daß der Grundzug des deutschen Geisteswesens das Prinzip der Selbstbildung ist, und daß daher nichts zu voller Kraftentfaltung gelangen kann, als was aus diesem Quell entspringt. Eben darum hat uns auch weder das kirchliche, noch das staatsbürgerliche Schulwesen durchgreifend zu vereinigen vermocht, weil in ihnen jenes Selbstbildungsprinzip noch organisatorischen Zwecken anderer Art dienstbar gemacht wurde und sich deshalb selbst noch nicht vollgültig ins Dasein setzen konnte. Es ist das ureigenste und wahrhaft schöpferische Moment des sozialen Bildungswesens, daß es seinerseits erst die oberste, freiheits- und persönlichkeitszeugende Idee der Selbstbildung in allen und für alle zur vollen Entwicklung bringt und dazu die Hervorbringung von freien Schulgemeinden, Schulvorständen und Schulkonzilien verlangt.

Man wähne nicht, daß es sich hierbei um einen bloß willkürlichen Einfall handle. Denn, wer mit dem Gang unserer pädagogischen Geistesarbeit vertraut ist, dem wird es auch nicht entgangen sein, daß die Ansätze zu einer solchen Organisation schon längst hervorgetreten sind. Besonders in den protestantischen Gemeinden des niederrheinisch-westfälischen Gebietes sind solche freien Schulgemeinden und Schulvorstände bereits im 17. und 18. Jahrhundert ins Leben gerufen worden. Sodann hat vor etwa hundert Jahren der westfälische Oberpräsident Gruner das ganze Schulwesen jener Gegenden auf der so gestalteten Grundlage zu reformieren begonnen, und er ist nur deshalb nicht weit damit gekommen, weil die zentrale Schulbürokratie sich dieser Bewegung abweisend entgegengesetzt hat. Am nachhaltigsten ist für diese Ideen vor allem F. W. Dörpfeld, einer unserer hervorragendsten Volksschulpädagogen, eingetreten, ohne daß es auch ihm gelungen wäre, den Bann der bürokratischen Routine zu durchbrechen. Daß aber doch auch in der Zeit der staatsbürgerlichen Schulorganisation der Gedanke der sozialen Nationalerziehung schon Wurzel zu schlagen anfing, das offenbart Süverns geistvoller Entwurf zu einem preußischen Unterrichtsgesetz. War dieses auch noch hauptsächlich vom Standpunkt des Staatszwecks angelegt, so leuchtet darin doch die Idee der einheitlichen nationalen Volkserziehung sehr nachdrücklich hervor, wenn er erklärt: „Der Staat ist eine Erziehungsanstalt im Großen, indem er, wie die geschichtlichen Beispiele lehren, durch alles, was von ihm ausgeht, seinen Bürgern eine bestimmte Richtung und ein eigentümliches Gepräge des Geistes wie der Gesinnung gibt. Dies haben die Gesetzgeber erkannt und feste Ziele aufgestellt, wohin durch die gesamte Staatsorganisation die Bürger geführt werden sollen. Eine notwendige Vorbereitung einer solchen Nationalerziehung ist die Nationaljugenderziehung." Hier fehlte nur noch die entsprechende Ergänzung der Selbstbildungsorganisation von unten her, und der Übergang vom rein staatsbürgerlichen zum sozialen Bildungswesen wäre schon vor hundert Jahren in die Wege geleitet worden. In dem Begriff der Nationalerziehung, wie er von Süvern gedacht wurde, liegt schon derjenige einer Zusammenfassung des ganzen Volkes zu einem selbständigen und selbsttätigen Bildungsorganismus. Heut gilt es alle diese Keimkräfte von ihrer sie niederhaltenden bürokratischen Eisdecke zu befreien. Das deutsche Schulwesen wird sich erst dann zu seiner vollen Höhe emporarbeiten, wenn in ihm mit dem staatlichen Einigungsprinzip das Gegenprinzip der sozialen Selbstbildung zur organischen Wechselwirkung gelangt.

Im engen Zusammenhange steht damit weiterhin, daß die sich zur Bildungsgemeinschaft ent ickelnde Nation den Hauptwert auf die Hebung des allgemeinen Volksschulwesens legen muß. Was die Nation vom Staate unterscheidet, ist letzthin dies, daß sie nicht wie dieser das Ganze als Willensorganismus darstellt, sondern als Bildungsorganismus; ihre wesentliche Bestimmung besteht also darin, aus dem Zustand der bloßen Naturgemeinschaft zu demjenigen der Gesittungs- und Bildungsgemeinschaft emporzustreben. Vom höheren, weltgeschichtlichen Standpunkt aus angesehen, sind wahre Nationen lediglich die Bildungsnationen. Hier gilt dann, was Wilhelm von Humboldt über die Bildung bemerkt hat, indem er auseinandersetzte: „Die Zivilisation ist die Vermenschlichung der Völker in ihren äußeren Einrichtungen und Gebräuchen und der darauf bezughabenden inneren Gesinnung. Die Kultur fügt dieser Veredlung des gesellschaftlichen Zustandes Wissenschaft und Kunst hinzu. Wenn wir aber in unserer Sprache Bildung sagen, so meinen wir damit etwas zugleich Höheres und mehr Innerliches, nämlich die Sinnesart, die sich aus der Erkenntnis und dem Gefühle des gesamten geistigen und sittlichen Strebens harmonisch auf die Empfindung und den Charakter ergießt." Soll sich aber nun eine so geartete Bildung auf eine ganze Nation erstrecken, so ist hierbei ausschlaggebend, nicht bis zu welcher Höhe einzelne Individuen oder Klassen aufgestiegen sind, sondern welches das Grundmaß der Gesamtbildung ist. Und hieraus ergibt sich dann, daß für den Bildungsstand eines Volkes noch nicht die Vorzüglichkeit seiner Universitäten, Gymnasien und Realschulen entscheidend ist, sondern letzthin erst die Tüchtigkeit seines Volksschulwesens. Hier kommt somit die von der Pädagogik schon längst gefundene und ausgesprochene Erkenntnis zur Geltung: „Alles höheres Verständnis des Bildungswesens im Staate erzeugt stets den wunderbaren und doch so organisch einfachen Prozeß, daß jeder Staat in demselben Maße, in welchem er selber in der Bildung fortschreitet, nicht mehr die reine Wissenschaft, die er sich selbst überlassen kann, sondern eben das Volksbildungswesen in seinem Volksschulwesen zu seiner Hauptsache macht." Nur muß man hierzu noch das weitere Moment hinzufügen, daß die Schulpflege überhaupt nicht bloß eine Angelegenheit der staatlichen und kommunalen Obrigkeit bleiben darf, sondern daß an ihrer Gestaltung das ganze Volk selbst mitarbeiten muß, eben durch die Erzeugung einer allgemeinen Selbstverwaltung der Unterrichts- und Erziehungsangelegenheiten. Das Volksschulwesen ist der Träger und Erzeuger der Nationalbildung, und nur durch die Selbstbeteiligung des ganzen Volkes an dem gemeinsamen Erziehungswerk wird aus der Nation vollends erst eine Bildungsnation.

Damit ist das Motiv herausgehoben, das heut die Umwälzung des ganzen abendländischen Bildungswesens beherrscht. Es ist keine unter diesen Nationen, die von jener Triebkraft nicht schon irgendwie ergriffen worden wäre, aber ebenso gibt es auch noch keine, in der sie schon eine klare und zielbewußte Formgebung erhalten hätte. Erst in Zukunft wird sich zeigen, welchem Volke auf Grund der vollkommensten Verwirklichung dieser Idee die geistige Führung zufallen wird. Fassen wir also das bisher Gesagte noch einmal kurz zusammen, so liegt das Epochemachende in der Tatsache, daß sich die Gesamtnation als Volksbildungsgemeinschaft mit ihrem Schulwesen sowohl im Unterschied vom Staate wie von der Kirche selbständig zu verkörpern getrieben fühlt. Die Schule ist wie der Staat und die Kirche eine selbständige Lebensform der Menschheitsgesittung und ist als solche das Organ für die geistige Selbstvereinigung der Nation. Erst in der Durchführung dieser Idee der Vergesellschaftung aller in einem Bildungsorganismus vollendet sich das soziale Gesittungsprinzip, weil es nur dadurch jedem Individuum und jeder Volksklasse ermöglicht wird, sich über die Schranken der materiellen, wirtschaftlichen Lebensbedingtheit zu erheben und an der Miterzeugung wie an dem Mitgenuß der wahren sittlichen Freiheit als des höchsten Gutes teilzunehmen. Von allen Nationen wird aber diejenige jenem hochaufragenden Ziele am nächsten kommen und den Weg für die übrige Menschheit dahin bahnen, die in Verbindung mit dem Staate das Prinzip der Selbstverwaltung des nationalen Schulwesens und dadurch zugleich dasjenige der Selbstbildung des ganzen Volkstums am wirkungsvollsten zu realisieren vermag. Und dafür ist die unerläßliche Bedingung, von der schlechthin alles weitere abhängig ist, die lebenskräftigste Hebung und Ausgestaltung des Volksschulwesens. Jedes Volk muß in dem Maße hinter anderen zurückbleiben, als die Pflege der Volksschulen entweder nicht ausreichend gefördert oder gar um der Erreichung anderer Interessen willen geschwächt wird. In der Volksschulbildung verkörpert sich die Nationalbildung.

2.

Wie steht es danach mit unserem deutschen Erziehungsschulwesen im ganzen? — Vor etwa hundert Jahren hat ein französischer Denker mit einem leisen ironischen Unterton geäußert, Preußen sei das Land der Schulen und der Kasernen. In der Tat hat sich denn auch im weiteren Fortgang der Glaube festgesetzt, daß wir die besten militärischen und pädagogischen Einrichtungen der ganzen Welt hätten. Für uns kommt hier nur das Schulwesen in Betracht. Da kann denn gar nicht zweifelhaft sein, daß eine unermüdliche, opferfreudige und bewunderswerte Arbeit auf dem Gebiete des Erziehungs- und Unterrichtswesens geleistet worden ist. Auch wird man sagen müssen, ohne dabei die Verdienste anderer Völker zu verringern, daß unser Schulwesen in seinem Gesamtbestande noch nirgendwo überflügelt worden ist. Um so staunenswerter ist es daher, daß zum wenigsten seit der Schöpfung des Deutschen Reiches trotz aller Gegenbemühungen eine fortschreitende Erschütterung und eine den Anforderungen nicht mehr entsprechende Erstarrung unser Schulbildungssystem ergriffen hat. Schon vor etwa fünfzig Jahren rief Karl Ludwig Roth, einer der ausgezeichnetsten Gymnasialpädagogen, seinem Zeitalter zu: „Wenn ich anders recht sehe, so kann man die verschiedenen Klagen über das Nachlassen unserer gelehrten Schule in ihrer Wirksamkeit in den wenigen Worten zusammenfassen: das Gymnasium erzieht nicht mehr. Es wird damit nicht gesagt werden, daß aus keinem Gymnasium annoch wohlerzogene Schüler auf die Universität übertreten, was der Augenschein widerlegt, und was die Lehrer der Universität sicherlich in Abrede stellen. Vielmehr wird der Sinn jener Klage der sein, daß die Schule an der großen Mehrzahl ihrer Zöglinge hinsichtlich der Erziehung nicht das leiste, was sie leisten könnte und sollte." Seit dem halben Jahrhundert, das seitdem verflossen ist, haben sich aber diese Klagen nicht nur nicht verringert, sondern vielmehr zunehmend vermehrt; ja sie sind in dem gleichen Maße auch auf unser Volksschulwesen ausgedehnt worden. Und das konnte geschehen, obwohl das Schülermaterial doch keineswegs schlechter geworden ist, der Lehrerstand aber sehr beträchtlich gehoben und ebenso die Schuleinrichtungen in nicht geringem Grade und Umfange verbessert worden sind. Hier also kann der eigentliche Grund jenes bedenklichen Übelstandes nicht zu suchen sein; er muß in dem ganzen System liegen. Die Schulen haben die soziale Idee der nationalen Einheitsbildung noch immer nicht in sich aufgenommen und sind dadurch hinter dem Entwicklungsgang des Geisteslebens zurückgeblieben.

Mit der Begründung unseres Nationalstaates war auch die Erneuerung unseres Erziehungswesens notwendig geworden. Daß dies nicht geschah, sondern daß die öffentliche Erziehungspflege nur in derselben Weise wie vordem bestimmt blieb, darin lag die Unzulänglichkeit. Denn was früher gewirkt hatte, das wirkte nun nicht mehr, weil eben das Gesittungselement darin fehlte, dessen jetzt die Gemeinschaftsbildung bedurfte. Lag es in der Natur der Sache, daß nach der Aufrichtung der staatlichen Einheit alsbald auch die geistige Vereinheitlichung der Nation hätte erwirkt werden müssen, so scheiterte die Lösung dieser über alles bedeutungsvollen Aufgabe doch an dem einseitig bürokratischen System der Schulverwaltung. Zwar darf nicht verkannt werden, daß auch diese Bürokratie einmal ihre großen Tage hatte, und das waren diejenigen, wo sie von der Zeit der Freiheitskriege an bis zur Erstehung unseres Kaiserstaates dem ganzen Schulwesen endlich eine einheitliche Organisation und Verwaltung gegeben hatte. Was in dieser Hinsicht vollbracht worden ist, wird stets der größten Hochschätzung gewiß sein. Einheit der Organisation und Verwaltung ist aber noch nicht Einheit des nationalen Geisteslebens. Eine solche besaß und besitzt daher das deutsche Volk auch noch immer nicht. Die geistige Einheit, deren man bedurfte, wirkte nicht als eine das ganze Innere des Volksbewußtseins belebende Kraft, sondern fand sich statt dessen nur vergegenwärtigt in der obrigkeitlichen Bürokratie selbst. Das war nötig und reichte aus, ehe es einen Nationalstaat gab; sobald dieser aber da war, genügte das in keiner Weise mehr. Denn damit war die Zeit gekommen, wo die geistige Vereinheitlichung in der Ganzheit des Volkes zum Gegenstand der Selbsterziehung und Selbstbildung gemacht werden mußte. Auch dazu hätten nun die Antriebe an erster Stelle ebenfalls von der Bürokratie ausgehen müssen, da sie es ja war, in deren Händen solange die geistige Vertretung der Einheit verwahrt lag. Wie sich aber zeigte, hat ihr dazu die Erleuchtung gefehlt. Voran die zentrale Schulbürokratie hat gar nicht begriffen, welch höhere Aufgabe ihr seit Beginn unserer nationalstaatlichen Vergemeinschaftung gestellt war; sie hat die Entwicklung der Erziehungsidee nur immer mehr verkümmern lassen und hat ihre ganze Kraft lediglich vom Gesichtspunkt der Erfahrungsroutine aus auf die fortgesetzte Flickarbeit für die Befriedigung der temporären Unterrichtsbedürfnisse verwandt. Die geistigen Kräfte des deutschen Nationalstaates sind durch den unschöpferisch gewordenen Bürokratismus des Erziehungswesens nicht nur nicht vereinigt, sondern noch mehr zersplittert worden.

Selbstverständlich wird man an keine Bürokratie der Welt das Ansinnen richten, daß sie als solche die Pflicht habe, schöpferische Ideen zu produzieren. Wohl aber mußte von unserer Schulbürokratie erwartet werden, daß sie als verantwortliche Führerin der Bildungsorganisation sich beamtet fühle, die ihrer Verwirklichung entgegengereiften Erfordernisse des nationalen Geisteslebens zu erkennen und zu realisieren. Und hier gab es denn keine dringendere und wichtigere Angelegenheit, als das Werk der politischen Nationaleinheit durch dasjenige der geistigen zu vollenden und zu krönen. Dazu bedurfte es aber, wie schon längst vorher Süvern richtig gesehen hatte, einer Nationalerziehung und für diese wiederum einer Nationaljugenderziehung. Die Durchführung dieser nationalen Gesittungsidee ist jedoch bei uns ihrer wahren Bedeutung nach nicht einmal von dem Ministerium Falk, geschweige denn später in Angriff genommen worden. Dazu wäre freilich ein ähnliches Vorgehen erforderlich gewesen, wie es durch den Freiherrn v. Stein vorgezeichnet worden war, daß nämlich auch für den inneren Ausbau des Schulwesens der Übergang gemacht werden mußte von der bloß bürokratischen Obrigkeitsverwaltung zu der sich damit verbindenden Selbstverwaltung. Wo aber ist das auch nur versucht worden? Von welchem Ministerium ist der Gedanke vertreten worden, daß auch noch über die kommunalen Behörden hinaus das ganze Volk als eine Körperschaft von Schulgemeinden mit daraus erwachsenden Schulvorständen und Schulkonzilien organisiert werden müsse, wenn so etwas wie eine Nationalerziehung zustande kommen soll? Es war das Verhängnis unseres Vaterlandes, daß unter der Prinzipienlosigkeit und Ideenflucht der bürokratischen Leitung die geistbildende Erziehungsschule andauernd zu einer bloß utilitaristischen Lehranstalt herabsank.

Das System war veraltet, aber es ist nichts getan worden, um es von Grund auf lebenskräftig zu erneuern. Auch hat man nicht auf die Stimmen gehört, die schon längst darauf hinwiesen, daß der Fortschritt gemacht werden müsse von dem staatsbürgerlichen zu dem sozialen Bildungswesen. Gerade das aber mußte erfolgen, wenn eine wahre Nationalerziehung verlebendigt werden sollte. Gewiß haben auch die wortgewandten Vertreter der modernitätssüchtigen Erfahrungsroutine immerdar von nationaler Jugendbildung mit hochtönenden Worten gesprochen, aber sie steuerten nur gerade auf das Gegenteil los. Nicht nationale Gesittungszucht, sondern nationale Selbstüberschätzung und Selbstüberhebung, wie auch die idiotistische Vereinseitigung der Wissenspflege war das Ziel, dem sie zudrängten. Das Gestaltungselement der echten Nationalerziehung ist aber gar nichts anderes als die sozialethische Idee der allgemeinen und einheitlichen Geistesgesittung des Gesamtvolkes. So war diese Idee schon von Fichte gekennzeichnet worden, und es wäre nun wohl nach der endlich vollbrachten Aufrüstung des Nationalstaates die

Aufgabe der obersten Schulbehörde gewesen, alles daran zu setzen, daß jetzt der soziale Grundgedanke der Nationalerziehung in die Tat umgesetzt würde. Hatte doch jener Denker für die Erneuerung der Erziehung als „der Kunst der Bildung zum Menschen" bereits die fundamentale Forderung aufgestellt: „Wir wollen durch die neue Erziehung die Deutschen zu einer Gesamtheit bilden, die in allen ihren einzelnen Gliedern getrieben und belebt sei durch dieselbe eine Angelegenheit. Es bleibt uns sonach nichts übrig, als schlechthin an alles ohne Ausnahme, was deutsch ist, die neue Bildung zu bringen, so daß dieselbe nicht Bildung eines besonderen Standes, sondern daß sie die Bildung der Nation schlechthin als solcher und ohne alle Ausnahme einzelner derselbe werde, in welcher — in der Bildung zum innigen Wohlgefallen am Rechten nämlich — aller Unterschied der Stände völlig aufgehoben sei und verschwinde; und daß auf diese Weise unter uns keineswegs Volkserziehung, sondern eigentümliche deutsche Nationalerziehung entstehe." War Fichte damit seinem Zeitalter prophetisch vorausgeeilt, so war seit dem Gründungstage des Deutschen Reiches die Bedingung erfüllt, unter der die Entwicklung jenes sozialen Bildungsprinzips seine Entfaltung erheischte. Jedoch das System des Schulbürokratismus schien noch immer nichts davon zu vernehmen, wonach schon die Steine laut zu schreien begannen. Auch der Nationalstaat bleibt solange ein gebrechliches Werk, als ihm die Grundlage der geistigen Einheit fehlt, und dazu bedarf es der Organisation eines sozialen Bildungswesens.

Mögen sich andere Völker die Einheit ihrer nationalen Gesinnung und Gesittung vordem schon auf anderem Wege errungen haben, so kann sie doch bei uns nur aus der sozialen Vergemeinschaftung des Geisteslebens entspringen. Nicht die Sitte, nicht die Religion, nicht die Politik hat uns national zu vereinheitlichen vermocht, und wir können dies nicht anders erreichen als dadurch, daß wir uns diesen Zusammenschluß in der Erzeugung eines allumfassenden und wohlgegliederten Bildungsorganismus geben. Nur die geistige Gesittungsbildung kann uns über die religiösen und politischen, über die individuellen und berufsständischen Gegensätze hinweg miteinander vereinigen, indem sie unserm Denken, Glauben und Wollen ein allgemeines und gleiches Ziel der Humanitätsbildung zu setzen imstande ist.

Ein solcher Bildungsorganismus ist aber nur möglich auf Grund der sozialen Vereinheitlichung des nationalen Erziehungsprinzips in allen unseren Jugendbildungsschulen. Auf dem Lande und in der Stadt, in den Volksschulen und Gymnasien muß dem Schüler dasselbe Erziehungsziel der wahren Menschheitsbildung nach Maßgabe ihrer in der Gesamtnation entwickelten Höhenlage erreichbar gemacht werden. Der Aufstieg zu diesem Ziele darf daher auch nicht abhängig gemacht werden von den höheren oder geringeren Individualanlagen. Auch bei aller Verschiedenheit der Verstandes- und Kunstkräfte muß doch die ganze Bildungsorganisation darauf eingestellt werden, daß es jedem normalen Kinde ermöglicht wird, ein gleichwertiges Glied der nationalen Gesittungsgemeinschaft zu werden. Dazu gehört dann stets auch ein allgemeines Grundmaß von Kenntnissen und Fertigkeiten; und was davon erforderlich ist, um sich dem gemeinsamen Bildungsstand einzugliedern, das muß ebenfalls ausnahmslos allen zugänglich gemacht werden. Grundsätzlich muß es aber als das strenge Kriterium der Erziehungsschule festgehalten werden, daß in ihr die Wissensbildung in den Dienst der einheitlichen Gesittungsbildung gestellt werde, und daß sich diese von jener nicht überwuchern lasse. Wo das Umgekehrte geschieht, gerät das Schulwesen in einen ungesunden Zustand, der sich meist darin verrät, daß um so mehr von Erziehung geredet wird, je weniger dafür getan wird. In eine solche Lage, wo die Tendenz des fachkundlichen Wissens auf Kosten des Erziehungsunterrichtes die tonangebende Rolle spielt, ist unser Schulwesen seit geraumer Zeit schon geraten, und es hat sich an maßgebender Stelle niemand gefunden, der es daraus befreit hat. Ein soziales Bildungswesen darf aber ein solches Verfahren nicht dulden, weil dadurch die Vereinheitlichung der nationalen Gesittungsbildung gefährdet und schließlich unmöglich gemacht wird. Nicht auf der Grundlage des Fachunterrichtes, sondern nur auf derjenigen des Erziehungsunterrichtes kann sich ein Bildungsorganismus der nationalen Geistesgemeinschaft erzeugen.

Seit Jahrzehnten schon ist daher immer heftiger der Ruf ertönt, endlich einmal Einheit in unser Schulwesen zu bringen und es aus seinem unorganischen in einen organischen Zustand hinüberzuführen. Das ist es, was das bürokratische System der staatsbürgerlichen Unterrichtsverwaltung nicht zu vollbringen vermocht hat. Ihm hat von Anfang an das einheitliche Organisationsprinzip gefehlt. Denn, wie die Dinge lagen, hat sich das Gymnasialwesen vollständig unabhängig von dem Volksschulwesen entwickelt, und das Gleiche gilt umgekehrt von diesem. Es fehlte von Beginn an die lebensvolle innere Wechselwirkung zwischen diesen beiden Schulgattungen so sehr, daß bis heut dieser Übelstand noch nicht überwunden worden ist. Ihren Grund hatte diese Zwiespältigkeit darin, daß mit der Übernahme des Bildungswesens durch die souveränen Staaten, wie dies etwa im 16. und 17. Jahrhundert seinen Anfang nahm, die betreffende Organisation zunächst von obenher einsetzte und vorerst zur Begründung von Landesuniversitäten führte. Erst von diesen ging dann weiterhin der Antrieb aus, sich durch die Errichtung der sogenannten oberen Lateinschulen, d. h. den sich jetzt erst endgültig von der Universität scheidenden Gymnasien, allgemeine Vorbildungsanstalten für die akademischen Fachstudien zu schaffen. Diese Entwicklung konnte dann ihren Einfluß noch weiterhin auf die Anpassung der unteren Lateinschulen erstrecken; aber sie konnte darüber hinaus nicht mehr das Volksschulwesen ergreifen, weil sie grundsätzlich nach oben hin orientiert bleiben mußte. Ganz unabhängig davon hatte aber die Einführung von Volksschulen ihren Ausgang von unten her genommen, ohne jedoch ihrerseits wiederum eine organische Wirkung auf das Gefüge des gelehrten Schulwesens auszuüben. So litt denn das staatsbürgerliche Unterrichtswesen von seiner Entstehung her an dem inneren Widerspruch, daß es von zwei wesensverschiedenen Grundprinzipien beherrscht wird, die als solche ihren Gegensatz niemals in einer höheren Einheit aufzuheben vermochten. Trotz des Bestandes der politischen Nationaleinheit ist in dem Bildungswesen die Kluft zwischen den Volksschulen und den gelehrten Schulen noch immer nicht geschlossen.

Hätte daher der Geist des bürokratischen Systems noch etwas von seiner alten Schöpferkraft besessen, so hätte er längst erkennen müssen, worauf es hier ankam. Es hätte ihm dann nicht verborgen bleiben können, daß nach der bloß äußeren Zentralisierung unserer Schulverwaltung die inzwischen notwendig gewordene innere Vereinheitlichung des Ganzen auf dem bisher eingeschlagenen Wege überhaupt nicht erreicht werden kann. Denn der fortgehend schärfer hervorgetretene Mangel der staatsbürgerlichen Bildungsorganisation besteht eben darin, daß für die Gesamtlage als oberster Bestimmungsgrund nicht die Erziehung, sondern der Unterricht, nicht die Gesittungs-, sondern die Wissenbildung trotz aller salbungsvollen Erklärungen zur Geltung gebracht worden ist. Wurde dem Gymnasium zur Hauptaufgabe gemacht, das allgemein vorbereitende Wissen für den fachwissenschaftlichen Universitätsbetrieb zu vermitteln, so wurde es die Obliegenheit der Volksschule, mit dem allgemeinen Glaubenswissen den notwendigsten Erwerb der nützlichen Kenntnisse zu verbinden. Daß dies geschah, lag in der Natur der Sache. Ebenso unwiderleglich ist es aber auch, daß da, wo der Unterricht das oberste Bestimmungsmoment ist, eine organische Einigung des Gesamtschulwesens undurchführbar bleibt. Denn nur der Stümper kann leichtfüßig an der fundamentalen Wahrheit vorbeigehen oder sophistisch darüber hinwegsehen, an jener Wahrheit, die sich kurz dahin aussprechen läßt: der Unterricht ist das Bildungsprinzip der ungleichen Individualkräfte, die Erziehung dasjenige der wesensgleichen Sozialkräfte.

Jenes ist differenzierend, dieses dagegen gemeinschaftstiftend. Alle Bemühungen, auf Grund der Unterrichtsordnung eine einheitliche Organisation des Schulwesens herbeizuführen, sind daher naturwidrig, schädigend und müssen notgedrungen mißglücken. Es ist der epochemachende Unterschied, daß im staatsbürgerlichen Bildungswesen der Unterricht, im sozialen die Erziehung das entscheidende Gestaltungsprinzip abzugeben hat.

Daß es sich so verhalte, war auch von den erleuchteten Männern der älteren Bürokratie wohl erkannt worden. Denn schon vor hundert Jahren war das Bestreben erwacht, dem Schulwesen nicht bloß eine einheitliche Verwaltung, sondern auch eine einheitliche, alle Schulgattungen umfassende Organisation zu geben. Die bezeichnende Urkunde dafür ist der erste Entwurf zu einem preußischen Unterrichtsgesetz vom Jahre 1819. Indem hier das Schulwesen in die Allgemeine Elementarschule, Allgemeine Stadtschule und das Gymnasium gegliedert wurde, stellte man den grundlegenden Gesichtspunkt auf: „Diese drei sind als eine einzige Anstalt zur Nationalerziehung zu betrachten und demgemäß in inneren organischen Zusammenhang zu bringen." Sodann aber ist es das so überaus Charakteristische, daß für die einheitliche Gesamtorganisation aller öffentlichen Schulen treffsicher nicht ein unterrichtliches, sondern ein sozialerzieherisches Grundprinzip herausgehoben wurde, nämlich dies: „Die öffentliche Schule soll Stamm- und Mittelpunkt der Jugenderziehung und so die Grundlage der Nationalerziehung bilden. Ihre Aufgabe ist, die Erziehung der Jugend für ihre bürgerliche Bestimmung auf ihre möglichste allgemeinmenschliche Ausbildung zu gründen." Wäre es gelungen, diesen Entwurf, aus dem uns der Geist Fichtes lebendig anspricht, tatsächlich zum Gesetz zu erheben, so wäre schon damals der Übergang vom staatsbürgerlichen zum sozialen Bildungswesen vollzogen worden. Dazu waren die Widerstände noch zu groß. Nur schwer verständlich ist es aber, daß in der Zeit von 1871—1914 die oberste Schulbehörde nicht alles daran gesetzt hat, um jene große, jedoch im Jahre 1819 noch unausführbar gebliebene Bildungsidee wenigstens auf dem Wege der Verwaltung in Bewegung zu setzen. Seit dem Bestehen unseres Nationalstaates sind allerhand Schulexperimente gemacht worden, und eine Unterrichtsordnung ist nach der anderen mit eilfertiger Hast erlassen worden, aber für die einheitliche, sozialethische Nationalerziehung fand sich kein Ritter des Geistes, der sie aus ihrem Dornröschenschlaf erweckt hätte.

Kein Wunder, wenn sich da der Einheitsgedanke des nationalen Schulwesens der Irrgeister bemächtigte und eine wilde Strömung zersetzender Gewalten entfesselte. Allen Ernstes konnten Bestrebungen weite Verbreitung finden, deren Verwirklichung im Zeitalter des Comenius vielleicht einen Fortschritt bedeutet hätte, uns jetzt aber in eine schwer wieder gutzumachende Rückständigkeit versetzen würde. Ergriffen von der ganz richtigen Einsicht, daß sich unser Schulwesen noch immer in einem unorganischen Zustande befinde, begann man sich für das Projekt einer Vereinheitlichung zu berauschen, durch die unsere Schulgattungen vollständig mechanisch aneinandergekettet werden sollen. Wenn es aber in der Welt überhaupt Mächte gibt, die zum Mechanismus herabgedrückt kein lebensvolles Dasein mehr zu führen vermögen, so ist es ganz gewiß die Schule. Für alle Gesittungsschöpfungen — und für eine solche werden wir doch auch die Schule ansehen müssen — bedeutet das Mechanisieren nicht mehr und nicht weniger als den geistigen Tod. Von diesem Schicksal würden nicht nur die Gymnasien und die Mittelschulen, sondern in allerschlimmster Weise gerade die Volksschulen betroffen werden. Es hat sich schwer gerächt, daß die sozialethische Einheitsidee des Schulwesens solange vernachlässigt werden konnte; denn nun führen die Einheitsmechaniker das Wort und gehen auf die Verstümmelung aller Glieder unseres Bildungskörpers aus.

Unfähig, einen anderen Einheitsgedanken als den mechanischen zu fassen, verlangen die Vertreter dieser Richtung eine Schuleinrichtung von der Beschaffenheit: daß alle Kinder eine Grundschule, sei es vier Jahre oder, wie die meisten wollen, sechs Jahre lang, besuchen sollen; daß die unbegabteren dann während der schulpflichtigen Zeit ihre Ausbildung in dieser selben Anstalt weiterhin zu empfangen haben, während für die begabteren eine Art Mittelschule an jenen allgemeinen Unterbau angefügt wird, und endlich, daß darauf für die allerbegabtesten wiederum irgendeine humanistische oder realistische Oberstufe aufgerichtet wird als gleichberechtigter Ersatz für die Gymnasien. Wie scheinbar trefflich ist doch dieser Einheitsplan? Muß er nicht geradezu als das Ei des Kolumbus für die Neuordnung des Schulwesens bezeichnet werden, und sind nicht alle diejenigen, welche nicht in den lauten Jubel über jene geniale Erfindung einzustimmen vermögen, lediglich kleingläubige, unfähige und verdammenswerte Schächer? So scheint es. Doch, wie so oft, bewährt sich abermals auch hier die alte Spruchweisheit: der Schein trügt! Denn bei einer gründlichen und gewissenhaften Prüfung, welche die Wahrheit und nichts als die Wahrheit sucht, stellt sich alsbald nur allzu deutlich heraus, daß ein so mechanistisch angelegtes Einheitssystem nicht nur völlig unpädagogisch, sondern auch im tiefsten Grunde unsozial ist. Es ist unpädagogisch, weil es im vollendeten Widerspruch mit einer jahrhundertelangen Entwicklung noch immer den Unterricht und nicht die Erziehung als oberstes Einheitsprinzip des Gesamtschulwesens zur Anwendung gebracht wissen will; und es ist unsozial, weil die große, weit überwiegende Volksmasse der nicht gerade intellektuell Begabten dadurch nur auf eine niedrigere Bildungsstufe herabgedrückt wird. Ein von dem einseitigen Standpunkt des Unterrichts aus konstruiertes Einheitssystem verschärft nur noch mehr die gesellschaftlichen Klassengegensätze: es erzeugt keine einheitliche Gesittungsbildung der ganzen Nationalgemeinschaft, sondern preßt förmlich die Minderheit der sogenannten Schulbegabten aus der Volksmasse heraus und zerklüftet dadurch das Ganze nach dem einseitigsten gesellschaftlichen Klassenprinzip, das es überhaupt gibt, nämlich nach dem Prinzip des Intellektualismus. Wo der Aufbau des Schulwesens vornehmlich nach dem Maßstabe der intellektuellen Begabung erfolgt, wird nicht die persönliche Gleichwertigkeit, sondern vielmehr die individuelle Ungleichwertigkeit zur Hauptbestimmung der Bildungsarbeit gemacht, und die Hervorbringung einer sozialen Bildungsgemeinschaft wird alsdann geradezu eine Unmöglichkeit.

Schon dieser Grund müßte ausreichend sein, um die schärfsten Proteste gegen ein so oder ähnlich geartetes Einheitssystem hervorzurufen, das den sozialen Bestrebungen direkt ins Gesicht schlägt. Aber da man nicht sicher sein kann, ob sich nicht eines schönen Tages irgendein Schultechniker aus Entgegenkommen gegen die populären Strömungen bewogen fühlt, doch ein solches Projekt an den Mann zu bringen, so sollen noch einige weitere Punkte der unserem nationalen Bildungswesen drohenden Gefahr kurz zur Erinnerung gebracht werden.

Ein mechanisches, grundsätzlich auf den Unterricht zugespitztes Einheitsverfahren muß unausbleiblich zur Folge haben, daß alle Gattungen unserer Bildungsanstalten den schwersten Schädigungen ausgesetzt werden, und zwar sowohl die Universitäten, wie die Gymnasien, die Mittelschulen und die Volksschulen.

Die Universität muß dadurch in ihrer Leistungsfähigkeit nicht um eine, sondern um mehrere Stufen herabgedrückt werden, weil das ihr überwiesene Schülermaterial, das erst die Grundschule, dann die Mittelschule und erst in den drei oder vier letzten Jahren eine für die akademischen Studien vorbereitende Oberstufe hat durchmachen müssen, für ihre Zwecke durchaus ungenügend vorgebildet ist. Denn, ganz abgesehen von dem erforderlichen Maß der fachwissenschaftlichen Grundkenntnisse, fehlt hier auf alle Fälle die einheitliche Geisteszucht, ohne die ein akademisches Studium zuletzt doch des wahren, wissenschaftlichen Ethos ermangelt. Es können dann nur noch Wissenstechniker gezüchtet werden; es wird aber gemeinhin und grundsätzlich vorbei sein mit der Heranbildung von Trägern des echten wissenschaftlichen Gesittungsgeistes. Das ist ja gerade der verhängnisvolle Fluch, der unser Volk an den Rand des Verderbens gebracht hat, daß der banausische Utilitarismus schon seit mehr als einem Menschenalter auch in unserem Bildungswesen die sittlichen Lebenskräfte mehr und mehr erdrückt hat. Man unterbinde daher die von Jugend auf beginnende Geisteserziehung für die akademischen Studien um der Mechanisierung des Schulbetriebes willen in noch stärkerem Maße, und die Universitäten müssen notgedrungen zu bloßen Lehranstalten für die Vermittlung einer gewissen höheren Art nützlichen Wissens herabsinken. Es kann wie eine Übertreibung aussehen und ist doch leider keine, wenn man den Warnruf ertönen läßt: die mechanische Vereinheitlichung des Schulwesens ist eine Verstümmlung der deutschen Universitäten.

Nicht minder verderbenbringend wäre aber ein solches Vorgehen für die Gymnasialanstalten. Man hat gesagt, daß es doch nicht entscheidend sei, ob man den fremdsprachlichen Unterricht schon im 9. oder im 12. oder gar erst im 15. Lebensjahre begänne. Denn je später auf der Schule der Anfang damit gemacht würde, desto schneller und zielbewußter werde ein solcher Unterrichtsgegenstand dann erfaßt. So aber kann nur jemand sprechen, dem tiefere pädagogische Urteilskraft mangelt. Nehmen wir etwa die Reformgymnasien von heut als Musterbeispiel, so kommt es auf folgendes an. Statt wie sonst in der Sexta setzt hier der Lateinunterricht erst in der Tertia ein. Steht nun bloß dies in Frage, ob lediglich das erforderliche Maß von Fachkenntnissen bis zum Abschlußexamen erreicht werden könne, so wird das unter der Voraussetzung von tüchtigen Lehrern und tüchtigen Schülern gar keinem Zweifel unterliegen. Ist es das denn aber, worauf es, pädagogisch betrachtet, ankommt? Darauf muß mit einem entschiedenen „Nein" geantwortet werden. Zwar soll auch das fachunterrichtliche Element keineswegs unterschätzt werden; aber wo es zur Hauptsache gemacht wird, da muß die Erziehungsschule in einen Zustand des fortschreitenden Siechtums geraten. Denn das wahrhaft Pädagogische des fremdsprachlichen Unterrichtes liegt an sich ja nicht in der bloßen Erwerbung nützlicher Kenntnisse, und es ist schlimm genug, daß man auch das zum größten Schaden unseres Volkes verkannt hat und von Tag zu Tag nur noch mehr verkennt. Welches ist nun aber das streng pädagogische Kriterium für einen solchen Unterricht? Es ist dies, daß mit der einseitig nationalen Erziehung durch die fremdsprachliche Unterweisung ein unentbehrliches Element der universalen Geisteszucht teils unmittelbar, teils mittelbar verschmolzen werden soll. Eine Nation, welche diesen universalen Erziehungsfaktor grundsätzlich schwächt und nur fachunterrichtlich bewertet, verzichtet damit selbst auf den Anspruch, eine wahre Bildungsnation zu sein. Liegen die Dinge aber so, dann muß dem Geistesleben einer Volksgemeinschaft der schwerste Nachteil daraus erwachsen, falls jener fremdsprachliche Erziehungsfaktor auch nur um ein einziges Jahr später in Wirksamkeit gesetzt wird, als es naturgemäß geschehen kann. Denn, was für den bloßen Fachunterricht nicht so erheblich ist, das ist für die Erziehung gerade das Allerwichtigste: eine jede geistige Gesittungszucht wirkt um so schwächer, je mehr sie es verabsäumt, da einzusetzen, wo sie einsetzen könnte und sollte! Daher kann auch schon heut der Lateinunterricht in den Reformgymnasien nicht mehr die Erziehungswirkung haben, auf die es im tiefsten Grunde ankommt. Gerade die Latinitätsbildung, wenn sie nicht schon in der Sexta beginnt, hat für das Ganze, von individuellen Ausnahmen abgesehen, kaum noch erzieherische Bedeutung. Verlegt man aber gar den fremdsprachlichen Erziehungsunterricht überhaupt von dem 9. auf das 12. Lebensjahr, so wird der Einfluß der universellen Bildungszucht so stark vermindert, daß nur noch die fachunterrichtliche Wirkung übrig bleibt, und daß alsdann der nationale Geisteshorizont auf das kläglichste verengt und vereinseitigt wird. Es steht im schreienden Widerspruch mit aller gesunden Pädagogik, wenn die fremdsprachliche Geisteszucht in den dazu bestimmten Erziehungsschulen auf eine andere

Anfangsstufe verschoben wird, als auf die, wo sie der psychischen Entwicklung des jugendlichen Geistes nach hingehört. Solange dieser erziehungsunterrichtliche Fundamentalsatz zu Recht besteht, muß es als eine schwere Versündigung an unserem Bildungswesen verurteilt werden, wenn unsere Gymnasien noch weiter zu einseitigen Lehranstalten für die Erwerbung nützlichen Fachwissens herabgewürdigt werden. Die Durchführung des geplanten Einheitsmechanismus auf Kosten unserer Erziehungsschule muß nicht nur die Verstümmlung der Universitäten, sondern auch diejenige der Gymnasialanstalten nach sich ziehen.

Am unheilvollsten aber wird gerade das Volksschulwesen von jenem Vorhaben betroffen. Denn, während es die allerwichtigste der sozialethischen Aufgaben ist, den allgemeinen Bildungsstand des gesamten Volkstums auf das kräftigste zu heben, sind es die Einheitsmechaniker, welche die breiten Volksschichten wieder zu einem bloßen Bodensatz von intellektuell Begabungslosen herabmindern wollen. Was hilft es, daß alle ohne Ausnahme sechs Jahre lang die Grundschule besuchen sollen, wenn dieser alsdann aber alle Begabteren entzogen werden, um erst auf die Mittelschulen gebracht zu werden und die Auserwählten von diesen wiederum auf die Schulen der Oberstufe! Dadurch wird wie ehedem beim Wahlrecht ein Dreiklassensystem der Schule geschaffen, nur von der noch schlimmeren Art, daß die erste Klasse, nämlich die der Oberschulen, erzeugt wird durch die geistige Auspoverung der Mittelschulen; diese Klasse dagegen durch die noch völligere Auspoverung der dritten Klasse, d. h. der Volksschulen. Was also würde das Ergebnis sein? Kein anderes als dies, daß unser Volksschulwesen demgemäß jetzt erst grundsätzlich zu einem geistigen Armenschulwesen erniedrigt werden würde. Man hat ja allen Ernstes auch dieses Auspoverungssystem des Dreiklassenschulwesens „sozial" genannt. Kann es aber in Wahrheit einen sachwidrigeren Scheinsozialismus geben als diesen? Muß nicht jeder ernstlich Sozialgesinnte aufs tiefste davor erschrecken, daß die Einheitsmechaniker aus der Volksschule eine solche der geistig Armen machen wollen? Dann erst würde es dahin kommen, daß unter dem Volk nur noch eine Klasse zu verstehen sein würde, und zwar die Klasse der Begabungslosen, der Geistesarmen, der relativ Ungebildeten. Ein volksfeindlicheres Unternehmen kann es gar nicht geben! Aber wie fein säuberlich wird das alles verhüllt, so daß nur die wenigsten hinter dem wohlgefügten Phrasenschwall das drohende Verhängnis gewahr werden. Anstatt die Volksschule sich selbständig entfalten zu lassen, auf daß sie ein gleichwertiges Organ der nationalen Gesittungsbildung neben der Mittelschule und dem Gymnasium werde, entzieht man ihr nach dem 6. Schuljahre alle tüchtigeren Kräfte und verstümmelt auch sie dadurch, nur in anderer Weise als die Gymnasien und Universitäten. Wird dem unheilvollen Projekt der mechanischen und von Grund auf unsozialen Einheitsgestaltung des Schulsystems nicht rechtzeitig ein Riegel vorgeschoben, so wird bald die Zeit kommen, wo es wie ein Märchen klingen wird, Deutschland habe einstmals die besten Volksschulen gehabt, ein Märchen, das da anfängt: Es war einmal! —

Vor dieser unsere ganze Zukunft bedrohenden Gefahr stehen wir jetzt, nachdem unsere oberste Schulleitung in den letzten fünfzig Jahren nicht die Mittel und Wege gefunden hat, das wahre Prinzip einer organischen Vereinheitlichung des Schulwesens zur Geltung zu bringen. Man hat es nicht zu begreifen vermocht, daß die Idee der geistigen Vergemeinschaftung auf der Grundlage einer allumfassenden Nationalerziehung endlich nach der Begründung des Nationalstaates ihrer notwendigen Verwirklichung entgegengereift war. Vielmehr ließ man es dahin kommen, daß die Erziehungsschule immer mehr und mehr auf den Standpunkt einer Lehranstalt des enzyklopädischen Fachwissens hinabglitt, und als entsprechendes Gegenstück dazu suchte sich der Einheitsgedanke in dem Mißgebilde einer mechanischen Schulverkoppelung Gestalt zu geben. In diesem Zersetzungszustande befindet sich allgemach unser ganzes Schulwesen; doch ist wenigstens das eine klar geworden, daß es bei dem ideenlosen Verfahren der technischen Routine, nur immer neue Flicken auf ein gänzlich zerschlissenes Kleid zu setzen, nicht länger bleiben kann. Es ist nicht mehr angängig, den Übergang vom staatsbürgerlichen zum sozialen Bildungswesen noch länger aufzuhalten.

3.

Aus den angestellten Erwägungen ergeben sich nun auch die allgemeinsten Richtlinien unserer Schulpolitik. Sie alle werden durch das oberste Leitmotiv bestimmt, daß in der sozialen Bildungsepoche endlich die schöpferische Idee der deutschen Geistesgesittung zur vollen Verwirklichung gebracht werden muß, welche die staatsbürgerliche Epoche noch nicht durchzuführen vermocht hat. Das ist aber jene Idee der Krönung unseres Nationalstaates durch die Erzeugung der geistigen Nationaleinheit, und zwar auf der Grundlage der sozialethischen Vereinheitlichung des Schulwesens. Seit Jahrhunderten ist unser Volk unter den unsäglichsten Widerständen bemüht, sich diejenige innere Einheit zu geben, die allein seinem tiefsten Wesen entspricht, und das ist diejenige des Zusammenschlusses aller einzelnen in einem selbsttätigen Bildungsorganismus.

Wie die Schule als solche diese Idee nicht hervorgebracht hat, so ist sie auch rein von sich aus nicht imstande, ihr endlich eine lebenskräftige Verkörperung zu geben. Vielmehr ist es die geistige Natur unserer ganzen Volksgemeinschaft, der jene ideelle Zielbestimmung ihren Ursprung verdankt. Anders als bei anderen Völkern ist es bei uns das Charakteristische, daß die so bedeutungsvolle und doch so schwer faßbare Macht, die wir „Volksgeist" nennen, letzthin ihren objektiven Niederschlag und ihre Verkörperung in der Entwicklung des Schulwesens vollzieht. Das Höchste und Heiligste, von dem sich die Ganzheit unseres Volkes belebt und getragen weiß, sucht sich seinen gegenständlichen Ausdruck immer wieder als Bildungsbestimmung der Erziehungsschule zu geben. Während die Politik und die Religion unser Volk doch nur in notdürftiger Weise zu vereinigen vermocht hat, ist es bei uns das Bildungswesen, an dem sich die Einheit des Volksgeistes über alle anderen Gegensätze hinweg wirksam zu vergegenwärtigen bestrebt ist. Eben deswegen gehört es auch zu den verantwortungsvollsten Aufgaben der Volksvertretung, über die Aufrechterhaltung und gedeihliche Entfaltung dieses höchsten nationalen Einigungsfaktors mit der unermüdlichsten Sorgfalt zu wachen. Zeigen sich diese Körperschaften außerstande, die wahre Einheitsidee der Nation als Bildungsgemeinschaft zu erkennen und ihre Durchführung zu veranlassen, so ist der tatkräftige innere Zusammenschluß des Volksganzen immerdar gefährdet. *Die Selbsterhebung des Volkes zu einer sozialethischen Bildungsgemeinschaft ist die Wurzel der geistigen Nationaleinheit.*

Wie aber muß dann die Vereinheitlichung des Schulwesens angefaßt werden, wenn sie die Grundlage für die gemeinsame Nationalerziehung abzugeben hat? Offenbar nicht kraft des einseitigen Unterrichtsprinzips, sondern kraft des *Bildungsprinzips der geistigen Gesittungszucht!* Eine durchgreifende Nationalerziehung kann niemals erreicht werden, wenn das Unterrichtsgefüge zur Hauptsache der Schulorganisation gemacht wird. Denn eine solche Erziehung setzt unerläßlich ein sozialethisches Bildungsprinzip voraus, und ein solches ist das Unterrichtsprinzip nicht. Aller Unterricht hat doch immer nur zur Aufgabe den Erwerb des Wissens und Könnens. Ein jeder Wissenserwerb ist aber, soweit er überhaupt ethische Qualitäten erzeugt, ausschließlich *individualethischer* Natur. Nichts scheidet die Menschen mehr voneinander als das größere oder geringere Maß von Wissen. Und wenn daher alles grundsätzlich auf den Wissenserwerb durch den Unterricht eingestellt würde, so würde die *sozialethische Grundforderung einer Bildung aller zu gleichwertigen Persönlichkeiten* vollständig unmöglich gemacht werden. Eben deswegen ist es völlig unbegreiflich, wie sich auch sozial gesinnte Männer durch jenes Irrlicht eines vom Unterrichtsprinzip aus konstruierten Einheitssystems haben täuschen lassen können. Der Unterricht wirkt nur dann sozialethisch, wenn er nicht zum Selbstzweck und somit zum obersten Gestaltungsprinzip erhoben, sondern wenn er lediglich als das gewichtigste Mittel der geistigen Gesittungsbildung in Anspruch genommen wird.

Freilich sollte nicht erst gesagt zu werden brauchen, daß auch der Unterricht als Faktor der individualgeistigen Kraftbildung mit aller Geisteszucht unlösbar verbunden ist. Denn der Mensch ist ein individuelles und soziales Wesen zugleich, und deswegen verlangt auch die Individualkraft ihre Pflege und ihre Befriedigung Damit hängt sodann die Ermöglichung des Aufstiegs der Begabten aufs engste zusammen, für den in jeder Weise gesorgt werden muß, soweit er einer wahrhaften, inneren Triebkraft entspringt und nicht bloß um gewisser Tendenzen willen das Werk eines äußeren Pressesystems ist. Gibt es aber auch in pädagogischer Hinsicht kaum etwas Verdienstvolleres als die Förderung echter, tief im Wesen der Menschennatur wurzelnder Begabung, so sollte doch endlich einmal begriffen werden, daß diese Aufstiegsfrage in erster Linie eine solche der Individual- und nicht der Sozialpädagogik ist. Sache dieser ist es nur, auf jede Weise dafür zu sorgen, daß alle Hindernisse für die intellektuelle und sittliche Ertüchtigung einer besonders qualifizierten Individualbegabung aus dem Wege geräumt wird; alles andere aber muß, wenn nicht ein unheilvolles Bevormundungssystem geschaffen werden soll, der Selbstentwicklung, Selbstbestimmung und Selbstzucht des Individuums an sich überlassen werden. Denn immer bleibt es doch, wie mit Recht gesagt worden ist, das eigentümliche Lebensprinzip der Individualität: „daß nur das, was es sich selbst erarbeitet hat, sein gehört; auch für die geistigen Güter. Damit erzeugt es den Prozeß, durch den es sich den ganzen Inhalt des geistigen Gesamtlebens individuell aneignet und das damit Gewonnene auch individuell verwertet. Die Arbeit aber, mit welcher sich dieser Prozeß vollzieht, ist der Unterricht". So hoch bedeutsam daher auch diese unterrichtliche Bildungstätigkeit und mit ihr die Ermöglichung des Aufstiegs der Begabten ist, so muß sie doch in dem Fall zum größten Verderben für das Gesamtwohl umschlagen, wenn das Bildungselement der Individualität zum obersten Gestaltungsprinzip erhoben wird. Kommt es dazu, wird der individualbildende Unterricht nicht bloß als vornehmstes Mittel der geistigen Gesittungszucht, sondern als Hauptzweck des Ganzen in Anschlag gebracht, so wird die Hervorbringung eines sozialen Bildungswesens schon im Keim erstickt. Es ist eine charakteristische Tatsache der pädagogischen Erfahrung, daß überall da, wo der virtuose Unterrichtskultus die Hauptrolle gespielt hat, alle sittliche Gemeinschaftsbildung ein Raub des anarchischen Individualismus wurde. Geradezu unbegreiflich ist es daher, daß sich die soziale Geistesbewegung unserer Tage abermals wieder von den Einheitsmechanikern mit ihrem unterrichtstechnischen Anhange um die Frucht aller ihrer Bemühungen bringen lassen will. Wird der Unterricht nicht grundsätzlich der sozialen Erziehungsidee untergeordnet, so wird nicht nur die Erringung der geistigen Nationaleinheit völlig untergraben, sondern es muß überdies zu einem sittlichen Verfall unseres ganzen Bildungswesens kommen.

Wie lange soll denn aber unser armes Volk noch von all dem verführerischen Gaukelwerk verblendet werden! Kann es etwas Unsozialeres geben als ein Einheitsgetriebe, welches unser Bildungswesen lediglich in den Dienst für die Förderung und Pflege des Individualismus stellen will? Muß nicht heut gerade das Umgekehrte geschehen, so daß die sozialbildende Erziehung und nicht der individualbildende Unterricht endlich das leitende Einheitsprinzip für die Bildungsorganisation der ganzen Volksgemeinschaft abzugeben hat? Es wäre wahrlich an der Zeit, daß darüber kein Wort mehr verloren zu werden brauchte. Denn im Gegensatz zu dem bloß scheinbaren ist das echte soziale Bildungsprinzip längst gefunden und in die Worte gefaßt worden: „Die höhere

Notwendigkeit der Gemeinschaft für das Leben aller Persönlichkeit erzeugt die Gesittung des Volkes als diejenige gemeinsame Arbeit aller, vermöge deren sie die an sich widerstrebende Individualität der einzelnen zwingt, in ihrem inneren wie in ihrem äußeren Leben jene Gemeinschaft zum Ausdruck zu bringen und sich ihr unterzuordnen. Dieser Prozeß, in welchem sich die geistige Kraft der gemeinsamen Gesittung die an sich absolut unabhängige Individualität unterwirft, ist die Erziehung. Alle Erziehung hat daher die Gleichheit und die Idee der Gemeinschaft aller einzelnen zu ihrem letzten Inhalt und zu ihrem Ziele. Sie beugt die widerstrebende Individualität unter die Gewalt des größeren Ganzen, und sie ist es, welche das innerste Einzelleben mit den Forderungen und der Gewalt der höchsten Gesamtanschauungen zur Harmonie bringt." Das ganze Schulwesen von dieser wahren, sozialerzieherischen Einheitsidee aus zu reformieren, das ist es, was nicht seit heut und gestern erst, sondern seit fünfzig, ja seit hundert Jahren schon aus der Tiefe der deutschen Volksseele heraus nach lebensvoller Gestaltgebung verlangt. Die notwendig gewordene Schulreform ist nicht bloße Unterrichts-, sondern vielmehr soziale Bildungsreform.

Da gilt es denn, vor allem anderen zum Bewußtsein zu bringen, daß eine gemeinsame Nationalerziehung noch nicht dadurch zustande kommt, wenn man den unterrichtlichen Wissenserwerb für die höheren Berufsfächer von Besitz und Stand unabhängig macht. Zwar muß auch dies geschehen, damit die Entfaltung der Individualanlagen von allen äußeren Hemmungen befreit werde. Aber man täusche sich doch nicht darüber, daß dadurch das Ziel der sozialen Volksbildung noch keineswegs erreicht wird. Denn immer ist es doch auch so nur eine gewisse Anzahl von Auserwählten, denen durch ein solches Verfahren der Aufstieg aus den unteren Volksschichten zu den qualifizierten Berufen ermöglicht wird. Dadurch können dann die intellektuell Beanlagten aus allen Ständen und Klassen zu erhöhter Wirksamkeit gelangen, und die Auslese der Tüchtigen wird demgemäß ohne Zweifel gefördert. Gerade deshalb dürfen dann aber auch die höheren Bildungsanstalten in ihrer Leistungsfähigkeit nicht verringert werden, so daß R. Potthof volle Zustimmung verdient, wenn er fordert (Deutsches Philologen-Blatt, 5. Februar 1919): „Die Eigenart des wissenschaftlichen Arbeitens verlangt besondere Schulung des Geistes, mit der möglichst früh begonnen werden muß. Diese besondere Schulung wäre für die zu praktischen Berufen übergehenden Schüler eine unzweckmäßige Betätigung. Daher sind zur Vorbereitung auf gelehrte Berufe besondere Schulen einzurichten, auf welche die Schüler übertreten, sobald ein Urteil über Quantität und Qualität ihrer Begabung möglich ist. Ein zu starkes Abströmen der Begabten in diese Schulen ist dadurch zu verhindern, daß der Charakter dieser Schulen als einer Vorbereitung auf gelehrte Berufe in völliger Reinheit hergestellt wird." So sehr man sich aber auch bemüht, den Zugang zu den höheren Berufen lediglich von der individuellen Begabung abhängig zu machen, so findet doch durch alle diese Maßnahmen nur eine Verschiebung der für jene Berufe in Betracht kommenden Einzelpersönlichkeiten statt, nicht aber eine Hebung des Volksbildungsstandes überhaupt. Das Volk als Volk bleibt trotz des Aufstiegs der Begabten so gebildet oder ungebildet, als es vorher war; ja, die Bildungslage der Gesamtheit wird sogar noch geschwächt, wenn den unteren Klassen alle begabteren Kräfte entzogen werden. Gerade also die Hauptsache des sozialen Bildungswesens, die Erhöhung der allgemeinen Volksbildung zur vollwertigen Teilnahme aller an dem Gemeingut der geistigen Nationalgesittung, wird ihrem Ziele durch die Lösung der Begabtenfrage noch um keinen Schritt genähert. Die Ermöglichung des Aufstiegs der Begabten ist eine gerechtere Behandlung der individualen, aber nicht eine solche der sozialen Bildungsangelegenheit.

In bezug hierauf kommen vielmehr ganz neue Momente in Betracht. Ist es die wahre und eigentliche Bestimmung der Nation, daß sie sich zur sozialen Bildungsgemeinschaft zusammenschließe, so muß notwendigerweise der Erwerb der reinmeinschlichen, gesittungsbildenden Geistesgüter ohne Ausnahme für *alle* zugänglich gemacht werden. Es genügt dann nicht mehr, daß die Volksbildung sich nur auf die Zueignung des elementaren Wissensbestandes erstreckte; es genügt auch nicht eine bloße Vermehrung dieser Kenntnisse und Fertigkeiten; sondern worauf es letzthin ankommt, das ist etwas zugleich Höheres und Wertvolleres. Das ist aber die Erfüllung der Forderung, daß sowohl die Zöglinge der Volksschulen, wie diejenigen der Mittelschulen und Gymnasien bei allen die Art und das Maß betreffenden Wissensunterschieden dennoch mit einer *durchaus gleichwertigen sittlichen Persönlichkeitsbildung* ausgestattet werden. Dieses Ziel der Bildungsarbeit muß in allen Schulgattungen das *gleiche* sein, und alles andere, insbesondere was den Wissensunterricht und seine verschiedenartige Gestaltung betrifft, darf nur von jener höheren Einheitsbestimmtheit aus bemessen werden. Nicht anders als so kann eine einheitliche Nationalerziehung erzeugt werden. Mit ihr aber wird dann zugleich auch der endgültige Übergang vom staatsbürgerlichen zum sozialen Bildungswesen vollzogen. Denn es wird nun klar sein, daß die staatsbürgerliche Pädagogik eben deshalb keine solche Nationalerziehung zu begründen vermochte, weil für sie trotz aller Gegenbestrebungen doch stets der Wissensunterricht das bestimmende Prinzip abgab. Von ihm aus kann aber nur eine *subordinierende* Organisation des intellektuellen Bildungswesens ausgehen, und es bleibt dann bei der Einteilung in niedere, mittlere und höhere Schulen, wie es auch bei den Einheitsmechanikern noch genau so ist. Die wahre Nationalerziehung verlangt aber eine *koordinierende* Organisation, so daß die Volksschulen, die Mittelstandsschulen und die gelehrten Schulen als gleichwertige Glieder des nationalen Bildungsorganismus nebeneinanderstehen und sich wechselweise ergänzen. Hierzu bedarf es daher eines *Gleichheitsprinzips*, und dieses vermag nicht der Unterricht, sondern nur die geistige Gesittung zu schaffen. Nur dadurch, daß alle

Schulgattungen die Jugend zu demselben Ziel der Persönlichkeitszucht heranbilden, werden sie gleichwertig und treten so erst in ein koordinierendes Verhältnis. Das ist es, was der schöpferische Grundgedanke der sozialen Bildungsgemeinschaft verlangt. Das Gefüge des staatsbürgerlichen Bildungswesen war subordinierend, dasjenige des sozialen dagegen muß koordinierend werden.

Was den Arbeiter mit dem Gelehrten, den Kaufmann mit dem Beamten persönlich zu vereinigen vermag, ist nie und nimmer die gleiche Wissensbildung, sondern einzig und allein die gleiche Gesittungsbildung. Und sie besteht eben darin, daß kraft ihrer ein jeder für den anderen zur gleichwertigen Persönlichkeit wird; ferner aber darin, daß sich so erst in allen über die anderweitigen Gegensätze hinweg ein sittliches Grundbewußtsein erzeugen kann, das sich in der Hervorbringung einer höheren, geistigen Nationalgemeinschaft vergegenständlicht. Die Verwirklichung einer solchen einheitlichen Nationalbildung ist aber schlechterdings unmöglich, wenn für ihre Erwerbung bloß der Einfluß von Besitz und Stand und nicht grundsätzlich auch derjenige der höheren Begabung ausgeschaltet wird. Das Ziel der nationalen Persönlichkeitsbildung muß jedem normal Begabten und somit auch dem einfachsten Mann erreichbar gemacht werden: das ist das Grundgesetz des sozialen Bildungswesens. Zu jedem höher gearteten Wissenserwerb gehört individuelle Begabung, und es bedarf der Errichtung verschiedenartiger Lehranstalten für die dazu Berufenen. Dagegen für die Bildung des Menschen zum wahren Menschen ist keinerlei andere Begabung erforderlich als diejenige der geistig-sittlichen Gleichheitsbestimmtheit aller. Gesteigerte Wissensqualifikation ist nur ein klassenbildendes Prinzip, die Gesittungsbestimmung dagegen ist das wahrhaft menschliche Gattungsprinzip, und demgemäß muß die Vereinheitlichung des Schulwesens grundsätzlich von diesem und nicht von jenem aus organisiert werden. Infolgedessen kann es auch, wo der Aufstieg der intellektuell Begabten über die Masse der bloß normal Begabten zur Hauptsache gemacht wird, niemals zu einem sozialen Bildungswesen kommen. Denn soziale Bildung heißt Gleichheit der Gesittungsbildung und verlangt daher die erzieherische Abzweckung aller verschiedenartigen Lehranstalten auf dieses selbe Bildungsziel. Eben deswegen dürfen wir heut nicht aufhören, jedes Schulprojekt als von Grund auf verfehlt und unsozial zu bekämpfen, welches nicht das gleiche Gesittungsziel zum obersten Organisationsprinzip der Nationalerziehung erhebt und dessen Zueignung nicht nur von Besitz und Stand, sondern ebenso auch von jeder übernormalen Begabung unabhängig macht. Es geschieht wider den Geist des sozialen Bildungswesens, wenn die bevorzugte Begabung anders als auf der Grundlage und im Rahmen der allgemeinen Nationalerziehung zur Entfaltung gebracht wird.

Ferner ist diese höchste soziale Bildungsidee nur durchführbar, wenn die Volksschulen vollends erst zu geistig auf sich selbst beruhenden und allen anderen Bildungsanstalten gleichwertigen Erziehungsschulen entwickelt werden. Das ist ja doch der beklagenswerte Übelstand, daß unser Volksschulwesen noch immer nicht dahin gebracht worden ist, seiner eigensten und höchsten Bestimmung vollgültigen Ausdruck zu verschaffen. Wie vor Hunderten von Jahren, so befinden sich auch heut noch die Volksschulen in derselben Lage, daß sie lediglich Veranstaltungen sind, die ein beschränkteres und vereinfachteres Wissen zu vermitteln haben als die gelehrten Schulen. Denn so ist es doch tatsächlich. Ist das aber das wahre Wesen und die wahre Bedeutung dieser Schulart? Doch offenbar nur dann, wenn man an erster Stelle den größeren oder geringeren Wissenserwerb zum maßgebenden Gesichtspunkt der Schulorganisation herausstellt. Eben deswegen konnte es aber auch bei uns bisher zu keiner lebenskräftigen und lebenswahren Nationalerziehung kommen. Denn, wie gering ist doch noch bis zu dieser Stunde die Anzahl derer, die vollständig begriffen haben, daß der große Beruf der Volksschulen kein anderer als der ist, Hauptträger und Hauptorgan des eigentümlich nationalen Bildungswesens zu sein.

Das aber ist eine Bestimmung, welche die gelehrten Schulen niemals in dem gleichen Maße rein von sich aus zu erfüllen geeignet sind. Dafür fällt diesen wiederum eine nicht minder wichtige andere Aufgabe zu, mit der sich die Volksschule nicht ebenso zu befassen imstande ist. Zwar ist es nicht so, daß die gelehrten Schulen nur das ihnen besonders zukommende Bildungsmoment zu pflegen haben und die Volksschulen nur das ihrige. Sondern beide müssen vielmehr beides in sich aufnehmen; aber doch so, daß die eine Schulart dies, die andere jenes zum Hauptgegenstande ihrer Bildungstätigkeit macht und beide sich wechselseitig ergänzen. Es hieße jedoch, der Wahrheit nicht die Ehre geben, wenn man behaupten wollte, daß es heut schon so wäre, und insbesondere hat die Volksschule noch nicht die Ebenbürtigkeit erreicht, die dazu unbedingt notwendig wäre. Statt dessen will man sie heute gar noch ihrer begabteren Kräfte berauben, um diese ausschließlich den gelehrten Schulen zu überweisen. Wann wird man sich endlich zu der Einsicht erheben, daß die Volksschulen erst dann wahre Volksschulen sind, wenn sie sich zu ebenso wesenhaften und wertvollen Faktoren der Nationalerziehung herausgestalten wie die gelehrten Bildungsanstalten?

Auch sollte man nachgerade begreifen lernen, daß es hierbei auf zweierlei ankommt: einerseits darauf, daß sich ein Volk die schöpferische Gesittungskraft seiner *nationalen Eigentümlichkeit* bewahrt und ihr die vollendetste Gestalt zu geben sucht, und andererseits darauf, daß es nie aufhört, die *universellen Bildungsgrundlagen* in sich aufzunehmen. Eine Nation muß wieder dem Zustand der Barbarei entgegensinken, wenn sie dazu unfähig wird, die Geistesgüter der menschlichen Universalbildung mit ihrem eigenen Ethos zu verschmelzen. Hierauf beruht es aber auch, daß es dementsprechend zwei Hauptarten von Erziehungsschulen geben muß: die *Volksschulen* und die *gelehrten Schulen*. Beide haben sowohl die nationalen wie die universalen Bildungselemente zum Gegenstand ihrer Tätigkeit, aber doch in selbständiger und verschiedener Weise. Der Volksschule liegt unmittelbar die Pflege des nationalen Bildungsfaktors ob und nur mittelbar diejenige des universalen. Gerade umgekehrt hat die gelehrte Schule das Verständnis der universellen Geistesbildung und ihre Einfügung in die nationale zu erzielen. Das organische Bindeglied zwischen diesen beiden Grundarten der Erziehungsschule ist in universeller Hinsicht die christliche Gesittungszucht und in nationaler die Muttersprache, aber doch auch mit dem Unterschiede, daß die Volksschule an beiden Gegenständen mehr die eigenwüchsige Formgebung, die gelehrte dagegen mehr die welthistorischen Bildungsmomente zu betonen hat. Gerade an diesem Lehrgut muß sich daher auch die fruchtbare Wechselwirkung zwischen jenen beiden Schulgebilden vollziehen. Durch die kraftvolle Wirkung der Volksschule muß die gelehrte Schule davor bewahrt werden, daß sie nicht wie noch im 16. und 17. Jahrhundert nur den universalen Geistesbestrebungen dient; umgekehrt muß diese aber auf jene den Einfluß ausüben, daß sie nicht gänzlich in die Strömung der nationalen Einseitigkeit und Selbstsucht gerät. Eine solche organische Wechselbeziehung kann sich jedoch nur entwickeln, wenn beide Schulzweige stark genug sind, ihre volle, ungebrochene Selbständigkeit zu entfalten. Wird das gelehrte Schulwesen verstümmelt, so muß auch der universalgeistige Zustrom der Voltsschule versanden; und wenn es dem Volksschulwesen unmöglich gemacht wird, sich zur grundsätzlichen Gleichwertigkeit als persönlichkeitsbildender Erziehungsmacht emporzuringen, so kann es zu einer nationalen Bildungsgemeinschaft überhaupt nicht kommen. Es ist von je der große Gedanke der deutschen Pädagogik gewesen, das Volksschulwesen zum selbständigen Hauptorgan der Nationalerziehung herauszubilden und sich in dem von einer anderen Seite her erstrebten Ziel der sittlichen Persönlichkeitsbildung mit dem gelehrten Schulwesen zu vereinigen.

Ist es also die Grundaufgabe des sozialen Bildungswesens, endlich eine organische Vereinheitlichung der Erziehungsschulen durchzuführen, so kann es keine schwerere Versündigung dagegen geben, als wenn man die Volksschule und die gelehrte Schule rein mechanisch miteinander verkettet, daß jene um dieser willen entkräftet und diese um jener willen verstümmelt wird. Organe, die in eine solche Lage gebracht werden, daß sie sich gegenseitig in ihrer gesunden und freien Entwicklungsbewegung hemmen, müssen notgedrungen verkümmern. Soll demnach dem Schulwesen eine einheitliche Organisation gegeben werden, so ist die allererste Voraussetzung dazu, daß für seine Hauptglieder ein einheitliches, für alle gleiches Bildungsziel sachgemäß aufgestellt wird, und daß jedem einzelnen dieser Glieder die vollkommenste selbständige Entfaltungsmöglichkeit ihrer besonderen Zweckbestimmung gesichert wird. Das gilt nicht nur für die gelehrte Schule, sondern in noch erhöhterem Maße für die Volksschule, die jetzt überhaupt erst dahin gebracht werden muß, auch auf dem ihr vorgezeichneten Wege die sittliche Bildung des Menschen zum wahrhaft freien Menschen in gleichwertiger Weise zu erwirken. Ebenso wie die Gymnasien müssen auch die Volksschulen zu sozialhumanistischen Bildungsanstalten erhoben werden.

Noch aber ist damit nicht das Letzte gesagt. Denn soll die organische Vereinheitlichung des Schulwesens tatsächlich erreicht werden, so leuchtet es ein, daß es nicht bei der abstrakt-philosophischen Formulierung des obersten sittlichen Bildungsprinzips sein Bewenden haben darf, sondern daß es nach seiner jeweiligen Entwicklungsbestimmtheit faßbar gemacht werden muß. Gerade daran krankt ja unser Erziehungsschulsystem immer noch, daß es über die Aufstellung so allgemeiner, kosmopolitischer Formeln nicht hinausgekommen ist, wie etwa: Erzielung der möglichsten allgemeinmenschlichen Ausbildung oder der Gottebenbildlichkeit oder der Charakterstärke der Sittlichkeit, Bildung des Menschen zum Wahren, Guten, Schönen usw. Wenn alles das aber für die Schule zu unbestimmt und zu leer ist, woher soll dann jenes einheitstiftende Organisationsprinzip gewonnen werden? Es ist eben nicht angängig, wie die Schultheoretiker und Schultechniker meinten, daß es aus der allgemeinen Ethik abgeleitet werden müsse, und zwar schon deswegen nicht, weil es gar keine durchgehends anerkannte wissenschaftliche Ethik gibt. An diesem Punkte tritt die so charakteristische Tatsache zutage, daß zwar ehedem die Kirche von sich aus der Schule ein allbestimmendes Erziehungsprinzip zu geben vermocht hatte, daß aber weiterhin das staatsbürgerliche Bildungswesen nicht die Möglichkeit besessen hat, nunmehr selbständig ein solches zu entwickeln. Das ist zugleich auch der entscheidende Grund, weshalb das öffentliche und allgemeine Schulwesen noch bis jetzt kein einheitlicher Organismus ist. Auf das Ganze hin angesehen, zeigt sich, daß es der rein bürokratischen, staatsbürgerlichen Schulverwaltung nicht gelungen ist, den unorganischen und prinzipienlosen Zustand des öffentlichen Erziehungswesens zu überwinden.

Hier taucht dann für die Schulpolitik die schwierige und heiß umstrittene Frage auf, woher wohl das öffentliche und allgemeine Schulwesen sein einheitstiftendes Organisationsprinzip entnehmen soll. Damit verhielt es sich allerdings bis zur Gegenwart hin erheblich viel einfacher. Denn solange die Schule noch unter dem Einfluß der Kirche, dann unter dem des Ständewesens und schließlich unter dem der staatsbürokratischen Regierung stand, waren es auch diese Mächte, von denen die Schulentwicklung ihre grundsätzlichen Bestimmungen empfing. Nachdem jedoch der Nationalstaat begründet worden war, erwuchs eben mit seinem Dasein auch die Notwendigkeit, daß sich die Nation als Nation im Unterschied von der staatlichen Willensgemeinschaft und der kirchlichen Glaubensgemeinschaft zur eigenwesigen sozialen Bildungsgemeinschaft organisiere. Noch ist das nicht geschehen, und darin hat die Verwirrung und Rückständigkeit unseres Schulwesens seinen eigentlichen und letzten Grund. Soll es aber nun endlich gegenüber all den Halbheiten und Quacksalbereien einer ideenlosen Schultechnik dahin kommen, daß aus unserem Volk eine soziale, von derselben Geistesgesittung erfüllte Bildungsnation werde, so erwächst daraus vor allem anderen die Grundforderung der Verselbständigung des Bildungsprinzips.

Entbehrte das kirchliche, ständische und staatsbürgerliche Schulwesen noch immer eines eigenen Bildungsprinzips, so hat sich das soziale nunmehr das seinige aus dem geistigen Gesittungsprozeß der Volksgemeinschaft selbst zu erzeugen.

Wie aber kann das geschehen? Ein solches Prinzip ist selbstverständlich nicht, wie sich das manche Vertreter der Schulbürokratie vorstellen, ein Satz, aus dem alles übrige rein begrifflich abgehaspelt werden soll. Worum es sich handelt, ist vielmehr folgendes. Das, was aus einem bloßen Haufen von Menschen eine Volksgemeinschaft stiftet, ist eine geistige Triebkraft, die ihr Letztes und Höchstes in dem Prozeß einer wesensgleichen, durch gemeinsame Arbeit zu entwickelnden Persönlichkeitsbildung verwirklicht. Es hat aber eine unendlich lange Zeit gewährt, in der sich dieser so überaus bedeutsame Vorgang noch keineswegs zu einem klaren und bestimmten Bewußtsein seiner selbst emporgerungen hat. Ja, es sind erst die neueren Völker, in denen diese bis dahin nur unmittelbar die Gemüter bewegende Geistesmacht sich selbst zu begreifen angefangen hat. Bis auf unsere Zeit hin ist daher dieser Selbstbildungsprozeß der menschlichen Wesensgemeinschaft auch fortgesetzt anderen Gemeinschaftszwecken, so vor allen denen der Kirche, des Ständetums und des Staates, unterstellt geblieben und ist so zu keiner selbständigen Entfaltung gekommen. In der höheren Gesittungsnatur der menschlichen Persönlichkeit liegt es aber, daß sie sich schlechterdings durch nichts anderes bestimmen lassen darf, sondern daß sie sich frei aus sich selbst bestimmen muß. Infolgedessen mußte endlich auch einmal diejenige Epoche ihren Anfang nehmen, in der sich der Prozeß der Persönlichkeitsbildung von allen anderen Bindungen loszulösen strebte, um sich rein von sich aus das Gesetz seiner Selbstgestaltung zu geben. Kann es auch hier nicht weiter begründet werden, so wird es doch an sich schon verständlich sein, wenn gesagt wird, daß dieses Zeitalter da begonnen hat, wo die Menschheit von der Gleichheitsidee des persönlichen Wesens bis in ihre letzten Tiefen ergriffen wurde. Und hieraus entsprang nun zugleich die alles umwälzende Forderung, nicht bloß die wirtschaftliche, gesellschaftliche und politische Lebensordnung dieser Gleichheitsidee entsprechend zu erneuern, sondern vor allem auch das Bildungswesen grundsätzlich darauf einzustellen. Aber, in welchen Einseitigkeiten, Widersprüchen und Utopien sich auch das alles Luft zu machen suchte, der große Gedanke kam zum Vorschein und verlangt seitdem gebieterisch seine Verwirklichung, daß die an sich gleiche Persönlichkeitsbestimmtheit des Menschen als das oberste Entwicklungsprinzip aller erzieherischen Bildungstätigkeit selbständig zur Geltung gebracht werden müsse. Hinausragend über die bloße Zivilisation und Kultur ist Bildung die sich in der Gesittungsarbeit aller für alle erzeugende Persönlichkeitszucht.

Gleichwohl ist aber auch damit nur erst das allgemeine und noch nicht das konkrete Bildungsprinzip herausgehoben. Gibt es überhaupt ein Mittel, um die in einem Volke vorhandenen Kräfte der Persönlichkeitsbildung zu einer einheitlichen und gemeinsamen Wirkung zusammenzufassen? Ja, ein solches gibt es, und das ist die Schule! Aber auch sie ist es nur dann, wenn aus der bloßen Unterrichtsschule die wahre Bildungsschule hervorgeht. Mit ihrer Hervorbringung tritt zugleich ein ganz neues Entwicklungsmoment der Schulgestaltung heraus. Wie erstaunlich ist es da nun, daß dieses Moment allgemeinhin nur eine so geringe Würdigung hat erfahren können! Denn die landläufige Vorstellung von der Schule ist ja auch heut noch die, daß sie lediglich eine Veranstaltung für die öffentliche und allgemeine Jugenderziehung sei. Daß sie das ihrem Begriff nach ist, bedarf auch keiner weiteren Erörterung erst. Wohl aber fehlt noch das allgemeine Bewußtsein davon, daß die Schule überdies noch eine andere, nicht minder wichtige Bedeutung auch für die Erwachsenen als solchen hat. Dieser Faktor der Schule blieb nur deswegen so lange im Dunkel, weil die Bestimmung ihrer Aufgabe der direkten Mitwirkung der Gesamtnation entbehrte und lediglich der bürokratischen Verwaltung überlassen wurde. Und doch handelt es sich hierbei um eine der höchsten Obliegenheiten der Volksgemeinschaft. Denn, was an geistigen und sittlichen Kräften in einem Volksganzen lebt, stellt sich unmittelbar nur in einem unbestimmten und uneinheitlichen Zustande dar und ist an sich eine unfaßbare Größe. Dadurch allein kommt es dann auch zu keiner in sich gefestigten, tatkräftigen Nationalbildung. Selbst in den Hervorbringungen der Wissenschaft, Literatur und Kunst faßt sich der Geist eines Volkes zu keiner bis in alle Tiefen reichenden Einheit zusammen. Wahrhaft objektivieren kann sich der konkrete Geisteszustand eines Volkes auf keine andere Weise als durch die einheitliche Organisation des Schulwesens, und zwar dadurch, daß jedesmal die ältere Volksgeneration das in ihr vorhandene Maß der Gesamtbildung als gemeinsames Bildungsziel für die jüngere Generation begrifflich bestimmt. Erst durch die Teilnahme der ganzen Nation an der Schulpflege wird sich die Gesamtheit des tatsächlich in ihr gegenwärtigen Bildungsstandes bewußt und organisiert sich auf diesem Wege erst zu einer selbständigen Bildungsgemeinschaft. Von den Erwachsenen aus angesehen, ist also die Schule das Organ, an dessen Pflege das Volk die Mannigfaltigkeit seiner geistigen Gesittungskräfte zur objektiven Einheit erhebt. Zum vollendeten Begriff der Schule gehört, daß sie nicht nur Veranstaltung für die Jugenderziehung sei, sondern zugleich auch der lebendige Träger für die Vergegenständlichung der einheitlichen Nationalbildung.

Erst hieraus ergibt sich sodann mit unzweideutiger Klarheit, welches das wahre Einheitsprinzip für die Organisation des Schulwesens ist. Es kann jedenfalls kein allgemeiner Satz, keine universelle Formel, kein reiner Begriff sein, denn auf solche Weise können nur die ganz abstrakten Bildungsideale ausgesprochen werden. Vielmehr ist es seiner eigentümlichen Natur nach ein konkretes Entwicklungsprinzip, und als solches besagt es: Oberster Bestimmungsgrund für die organische Gestaltung des Schulwesens ist die Entwicklungsbestimmtheit der im ganzen Volk jeweilig vorhandenen und von ihm zum einheitlichen Erziehungsziel erhobenen Persönlichkeitsbildung! Der Stand dieses Bildungsprozesses ändert sich von Generation zu Generation, wenn auch nicht durchgehends mit gleicher Rapidität; und darum kann auch noch nicht gesagt werden, vor welche konkrete Aufgabe sich das Schulwesen nach dreißig oder hundert Jahren gestellt sehen wird. Wohl aber bleibt das organisatorische Gesetz dasselbe, daß stets von jeder Generation wieder das in ihrer Gesamtheit lebendige Maß von Persönlichkeitsbildung sich in der Herausarbeitung des sozialethischen Schulzieles vergegenständlichen muß. Erst wenn das erreichbar gemacht wird, erhält die Volksschule wie die gelehrte Schule, abgesehen von den besonderen Unterrichtsaufgaben, dasselbe Erziehungsziel, und sie werden so endlich zu gleichwertigen Bildungsanstalten. Vereinheitlichung des Schulwesens bedeutet die Ermöglichung derselben sozialethischen Persönlichkeitsbildung in allen Schularten als ihrer Hauptaufgabe.

Und damit enthüllt sich nun endlich der wahre Charakter und die wahre Natur des sozialen Bildungswesens. Seine große, man möchte sagen, weltgeschichtliche Aufgabe ist es, dem Höheren und ewig Gleichen des menschlichen Wesens seine maßgebende und vollendete Gestalt zu geben. Ist das aber die sittliche, durch die eigene Kraft des Menschen sich entwickelnde Persönlichkeitsbildung oder die Freiheit im wahren, positiven Sinne, so kann sie als das allen gemeinsame göttliche Lebensgut auch nur in der Gesittungsarbeit aller für alle verwirklicht werden. Eben darum bedarf es des Zusammenschlusses eines jeden Volksganzen zu einem selbsttätigen Bildungsorganismus, weil nur in einem solchen der Gesamtheit wie jedem einzelnen die fortschreitende Verwirklichung jener Grundbestimmung des Menschen möglich wird. Es ist nicht genug, daß sich ein Volk nur als Staatsvolk und als Kirchenvolk organisiert, sondern es muß sich auch als Bildungsnation selbsttätig verkörpern, um so erst seine geistige Grundbestimmtheit zum Gegenstande der gemeinsamen Selbstentwicklung zu machen.

Nur also durch die Hervorbringung eines solchen sozialen Bildungswesens vermag die Nation das zu werden, was sie ihrem Wesen nach zu werden berufen ist; denn allein so kann sich die in einem Volke lebendige Idee der sittlichen Selbstbefreiung ihrer eigentümlichen Geistesrichtung gemäß vollendete Existenz verschaffen. Und soll es nun zu einer solchen Bildungsarbeit aller für alle kommen, dann muß auch die ganze Nation zu dieser Tätigkeit mit herangezogen werden, und zwar vermittelst des Selbstverwaltungsdienstes in den zu gründenden Schulgemeinden, Schulkreisen und Schulkonzilien. Denn lediglich kraft einer solchen Selbstverwaltungs-Organisation können sich die in der Gesamtheit vorhandenen Kräfte der Persönlichkeitsbildung zu ihrer allgemeinen Vereinheitlichung erheben und für das heranwachsende Geschlecht fortgesetzt das gemeinsame Bildungsziel bestimmen. Das soziale Bildungswesen ist als Erziehungsorganismus der persönlichen Wesensgleichheit der Träger der geistigen Nationaleinheit.

Um die Durchführung dieser wahrhaft großen und bedeutsamen Aufgabe handelt es sich heut. An der Organisation des Schulwesens muß es sich zeigen, welchen Völkern die höhere schöpferische Kraft innewohnt, sich nicht bloß als einen wirtschaftlichen und politischen, sondern darüber hinaus auch als einen geistigen Organismus selbsttätig darzustellen. Man darf nicht noch längerhin die Augen davor verschließen, daß jetzt die nationale Vergemeinschaftung auf der Grundlage der angestammten Sprache und Sitte, der Gewohnheit und geschichtlichen Überlieferung nicht mehr genügt, um einem Volk die Bedeutung einer Bildungsnation nach dem gegenwärtigen Gesittungszustande der Menschheit zu sichern. Eine geistige Nationaleinheit wird hinfort sich weder erhalten, noch zustande kommen können, als nur dadurch, daß sie sich durch die Gesittungsarbeit aller für alle aus eigener Kraft zielbewußt erzeugt. Das aber kann keine Einheit der individuellen Wissensbildung, sondern muß eine solche der sozialen Persönlichkeitsbildung sein, vermöge deren das ewigkeitliche Bestimmungsmoment der menschlichen Wesensgleichheit auf die gleiche Weise seine Verwirklichung findet. Erst diese objektive Gestaltung der persönlichen Wesensgleichheit ist Freiheit, und sie ist das höchste Gut, für dessen Erwerbung alles andere doch nur Bedingung und Mittel ist. Die wirtschaftliche, gesellschaftliche und politische Freiheit sind nur Vorstufen für die Selbstbefreiung des Menschen; wahre Freiheit ist Erhebung zur sittlichen Selbsttätigkeit, Selbstbestimmung und Selbstbildung, und als solche vollendet sie sich erst durch die Selbsthervorbringung der geistigen Nationaleinheit in einem sozialhumanistischen Bildungsorganismus.

* * *

Unser Volk sieht sich zurzeit vor die verantwortungsvolle Aufgabe gestellt, eine grundsätzliche Neuordnung seines Bildungswesens zu vollziehen. Allgemein zum Bewußtsein gekommen ist dabei nur, daß es sich um eine durchgreifende Vereinheitlichung des Schulsystems handelt. Da aber muß es sich denn zeigen, ob die maßgebenden Gewalten nur bestrebt sind, dem Ganzen das Gepräge einer äußeren, mechanischen Einheit zu geben und dadurch einen Niedergang der Bildungsbestrebungen herbeizuführen, oder ob in unserem Volke und seiner Vertretung noch der schöpferische Geist lebt, die Gesamtnation auf der Grundlage einer wahrhaft organischen Gestaltung ihres Schulwesens zu einem einheitlichen, sozialen Bildungsorganismus zusammenzuschließen. Geschieht nur jenes, so ist unausbleiblich, daß wir fortab in die zweite Klasse der abendländischen Geistesvölker herabsinken und die Ausführung der höheren Bildungsideen des Menschengeschlechts andern Nationen überlassen müssen. Bedarf es aber nur der Aufrüttelung des schon allzulange schlummernden Volksgenius, so wird man sich endlich auch klar werden müssen über jene aus den Abwandlungen des geschichtlichen Lebens entsprungenen Bildungsaufgaben. Es sei daher gestattet, das Gesagte in einer Reihe kurzer Sätze zusammenzufassen:

Die zukünftige Bedeutung der weltgeschichtlichen Völker hängt im letzten Grunde ab von dem Höhenstande der gemeinsamen Volksbildung und ihrem danach zu bemessenden Wert als Bildungsnationen.

Ein Staatsvolk erhebt sich vollends erst zur Bildungsnation durch die selbständige und einheitliche Organisation seines gesamten Bildungswesens.

Das Volksbildungswesen ist an sich weder ein staatlicher, noch ein kirchlicher, sondern ein sozialer Organismus und kann sich als solcher nur entwickeln durch die Bildungsarbeit aller für alle.

Der Gegenstand dieses Bildungsprozesses in erster Linie ist nicht die individuelle Wissensbildung, sondern die höchste, wesensgleiche Bestimmung des Menschen: die geistige Persönlichkeitsbildung zur sittlichen Freiheit.

Die Grundlage des nationalen Volksbildungswesens ist das Schulwesen mit seinen verschiedenen, für die individuellen Berufsqualitäten der Jugend geschaffenen Schularten unter Voraussetzung ihrer sozialen Organisation. Sozial ist diese aber nur dann, wenn in ihnen allen die Gleichheit der Gesittungsbildung zum obersten Bestimmungsprinzip gemacht wird, und organisch gegliedert nur dann, wenn jeder dieser Schulgruppen die Selbständigkeit gesichert wird, mit der Erreichung des einheitlichen, sozialhumanistischen Erziehungszieles die Erfüllung ihrer eigentümlichen Unterrichtsaufgabe unverstümmelt zu verbinden.

Die einheitliche Organisation des Schulwesens muß darauf gerichtet sein, für alle Berufsstände des Volkes die Grundlage einer gleichwertigen Persönlichkeitsbildung zu schaffen, um vermittelst ihrer die geistige Nationaleinheit selbsttätig zu erzeugen.

FSC
www.fsc.org
MIX
Papier | Fördert
gute Waldnutzung
FSC® C083411

Kolibri 360 GmbH
Ferdinand-Jühlke-Straße 7
99095 Erfurt, Deutschland
produktsicherheit@kolibri360.de